58

Coleção

LEIS ESPECIAIS

para **concursos**

Dicas para realização de provas com questões de concursos e jurisprudência do STF e STJ inseridas artigo por artigo

Coordenação:

LEONARDO GARCIA

LEI GERAL DE CONCESSÕES E PERMISSÕES

Lei 8.987/95

58

Coleção
LEIS ESPECIAIS
para **concursos**

Dicas para realização de provas com questões de concursos
e jurisprudência do STF e STJ inseridas artigo por artigo

Coordenação:
LEONARDO GARCIA

DALMO AZEVEDO

LEI GERAL DE CONCESSÕES E PERMISSÕES

Lei 8.987/95

2019

EDITORA JusPODIVM

www.editorajuspodivm.com.br

EDITORA *Jus*PODIVM
www.editorajuspodivm.com.br

Rua Território Rio Branco, 87 – Pituba – CEP: 41830-530 – Salvador – Bahia
Tel: (71) 3045.9051
• Contato: https://www.editorajuspodivm.com.br/sac

Diagramação: Luiz Fernando Romeu *(lfnando_38@hotmail.com)*

Capa: Ana Caquetti

ISBN: 978-85-442-2953-8

Proposta da Coleção *Leis Especiais para Concursos*

A coleção *Leis Especiais para Concursos* tem como objetivo preparar os candidatos para os principais certames do país.

Pela experiência adquirida ao longo dos anos, dando aulas nos principais cursos preparatórios do país, percebi que a grande maioria dos candidatos lê apenas as leis especiais, deixando os manuais para as matérias mais cobradas, como constitucional, administrativo, processo civil, civil, etc. Isso ocorre pela falta de tempo do candidato ou porque faltam no mercado livros específicos (para concursos) em relação a tais leis.

Nesse sentido, a Coleção *Leis Especiais para Concursos* tem a intenção de suprir uma lacuna no mercado, preparando os candidatos para questões relacionadas às leis específicas, que vêm sendo cada vez mais contempladas nos editais.

Em vez de somente ler a lei seca, o candidato terá dicas específicas de concursos em cada artigo (ou capítulo ou título da lei), destaque pontilhado nos artigos mais relevantes, questões de concursos mostrando o que os examinadores estão exigindo sobre cada tema e, sobretudo, os posicionamentos do STF, STJ e TST (principalmente aqueles publicados nos informativos de jurisprudência). As instituições que organizam os principais concursos utilizam os informativos e as notícias (publicados na página virtual de cada tribunal) para elaborar as questões de concursos. Por isso, a necessidade de se conhecer (e bem!) a jurisprudência dos tribunais superiores.

Assim, o que se pretende com a presente coleção é preparar o leitor, de modo rápido, prático e objetivo, para enfrentar as questões de prova envolvendo as leis específicas.

Boa sorte!

Leonardo Garcia
Coordenador da coleção
www.leonardogarcia.com.br
Instagram: @professorleonardogarcia

Sumário

I. CONCEITOS ESSENCIAIS DE DIREITO ADMINISTRATIVO

Administração Pública é o conjunto de entidades, órgãos e agentes públicos (conceito subjetivo, orgânico ou formal) instituídos pelo Estado para a execução da atividade administrativa, dirigida à consecução das necessidades coletivas de modo direito e indireto (conceito objetivo, funcional ou material).

A doutrina moderna costuma estabelecer quatro atividades principais exercidas pela Administração Pública, sendo elas: **Exercício do Poder de Polícia, Prestação de Serviços Públicos, Regulação das Atividades de Interesse Público e Fomento das Atividades Privadas e Controle da Atuação do Estado**. De todas essas tarefas, a que nos interessa é a atividade prestacional.

O conceito de Serviço Público ainda encontra muita divergência em toda a doutrina, sofrendo inclusive uma restrição constante de seu entendimento. Antigamente, toda atuação do Estado na busca do interesse público se conceituava como uma prestação de serviço público, na atualidade, o conceito mais restritivo nos facilita a percepção efetiva do que se pode considerar um **serviço público**. Nos ensina o professor José dos Santos Carvalho Filho[1] que a atividade prestacional pode ser definida como "toda atividade prestada pelo Estado ou por seus delegados, basicamente sob regime de direito público, com vistas à satisfação de necessidades essenciais e secundárias da coletividade".

De possa dessa conceituação, podemos afastar o conceito amplo de serviço público ao entender que atividades como o exercício do poder de polícia (não oferece utilidade ou comodidade pública), a exploração de atividade econômica (atividade regida pelo Direito Privado) e a realização de obras públicas (prestação não oferecida de forma continuada) não apresentam todos os elementos essenciais para sua conceituação

---

1. CARVALHO FILHO, José dos Santos – Manual de Direito Administrativo. São Paulo; Lumen Juris, 25ª ed., 2012.

como serviço público, sejam eles a **prestação de utilidade ou comodidade pública, de forma contínua e sob a regência do Direito Público.**

A prestação de serviço público pela Administração Pública poderá se dar de forma **direta** (quando a oferta dos serviços públicos se dará pelos entes da Administração Pública Direta ou Indireta) ou **indireta** (prestação dos serviços públicos por particulares através da delegação do serviço). A delegação de serviços públicos, técnica administrativa conhecida como **descentralização por colaboração ou por delegação**, encontra berço legal em nossa Constituição Federal.

II. PREVISÃO CONSTITUCIONAL E A LEI 8.987/95

A delegação de serviços públicos possui previsão constitucional nos moldes do art. 175, que afirma "Incumbe ao Poder Público, na forma da lei, diretamente ou sob regime de concessão ou permissão, sempre através de licitação, a prestação de serviços públicos". Devemos perceber ser essa norma uma **norma de eficácia limitada**, assim entendida como uma norma que tem sua plena eficácia condicionada a existência de uma lei infraconstitucional que regulamente a forma e as condições da delegação do serviço. Nas palavras de Luís Roberto Barroso[2], "normas de eficácia limitada são as que não receberam do constituinte normatividade suficiente para sua aplicação, o qual deixou ao legislador ordinário a tarefa de completar a regulamentação das matérias nelas traçadas em princípio ou esquema. Estas normas, contudo, ao contrário do que ocorria com as ditas não autoaplicáveis, não são completamente desprovidas de normatividade. Pelo contrário, são capazes de surtir uma série de efeitos, revogando as normas infraconstitucionais an-

2. BARROSO, Luís Roberto. Curso de Direito Constitucional Contemporâneo – Os conceitos fundamentais e a construção do novo modelo. São Paulo: Saraiva, 2ª ed. 2010. p. 251.

teriores com elas incompatíveis, constituindo parâmetro para a declaração da inconstitucionalidade por ação e por omissão, e fornecendo conteúdo material para a interpretação das demais normas que compõem o sistema constitucional."

Ademais, ainda no mesmo dispositivo constitucional, fica evidente a necessidade de legislação regulamentar para devido respeito ao procedimento administrativo da delegação.

> "Art. 175. Incumbe ao Poder Público, na forma da lei, diretamente ou sob regime de concessão ou permissão, sempre através de licitação, a prestação de serviços públicos.
>
> Parágrafo único. A lei disporá sobre:
>
> I – o regime das empresas concessionárias e permissionárias de serviços públicos, o caráter especial de seu contrato e de sua prorrogação, bem como as condições de caducidade, fiscalização e rescisão da concessão ou permissão;
>
> II – os direitos dos usuários;
>
> III – política tarifária;
>
> IV – a obrigação de manter serviço adequado."

Observamos que a instrução constitucional é pela regulamentação ampla do procedimento de delegação, estabelecendo inclusive temas essenciais a serem definidos pela legislação infraconstitucional. E em atendimento o comando da Constituição Federal foi editada e Lei nº 8.987, em 1995, trazendo todos os temas destacados acima e regulamentando de forma mais completa a descentralização administrativa.

III. COMO A LEI 8.987/95 (LEI GERAL DAS CONCESSÕES E PERMISSÕES) É COBRADA EM CONCURSOS?

A Lei Geral de Concessões e Permissões de Serviços Públicos é uma lei que normalmente está "oculta" nos editais de concursos públicos. Devemos ter muito cuidado com isso.

Qualquer edital que faça uma simples menção ao assunto "Serviços Públicos" está indiretamente informando a possibilidade (grande, aliás) de que a Lei 8.987/95 seja cobrada. Por ser uma lei de regulamentação de assunto específico, não há necessidade de sua expressa aparição em editais.

O assunto Serviços Públicos e, consequentemente, a lei 8.987/95 costuma ser cobrado nos mais diversos concursos públicos do Brasil, seja nível médio ou superior, principalmente nos concursos para as Autarquia (Federais, Estaduais, Distritais ou Municipais), Órgãos Públicos, Tribunais, Magistratura e Procuradorias.

Dentre os diversos artigos da Lei, podemos destacar como os mais cobrados (através de uma análise minuciosa dos últimos concursos realizados em todos Brasil): art. 2º (Capítulo I - DAS DISPOSIÇÕES PRELIMINARES), art. 6º (Capítulo II - DO SERVIÇO ADEQUADO), arts. 9º a 13 (Capítulo IV - DA POLÍTICA TARIFÁRIA), arts. 23-A e 25 (Capítulo VI - DO CONTRATO DE CONCESSÃO), arts. 32 a 34 (Capítulo IX - DA INTERVENÇÃO), arts. 35 a 39 (Capítulo X - DA EXTINÇÃO DA CONCESSÃO) e art. 40 (Capítulo XI - DAS PERMISSÕES).

Os arts. 14, 15 e 18-A (Capítulo V - DA LICITAÇÃO) são cobrados com uma incidência menor, mas devem ser considerados dispositivos de conhecimento essencial.

Dentre todos os artigos destacados acima, encontramos com maior incidência especificamente os arts. **2º** (Conceitos de Concessão e Permissão de Serviços Públicos), **6º** (Princípios dos Serviços Públicos), **11** (Fontes alternativas de renda), **23**-A (Arbitragem no Contrato de Concessão), **25** (Responsabilidade da Concessionária) **33** (Procedimento de Intervenção), **35** (Formas de Extinção do Contrato de Concessão), **36** (Reversão) e **40** (Permissão de Serviço Público). Como a grande maioria das questões sobre Serviços Públicos apresenta casos concretos para serem analisados, é essencial o conhecimento da literalidade da lei e o entendimento de sua aplicação efetiva nos contratos.

Lei Geral de Concessões e Permissões

LEI Nº 8.987, DE 13 DE FEVEREIRO DE 1995

Dispõe sobre o regime de concessão e permissão da prestação de serviços públicos previsto no art. 175 da Constituição Federal, e dá outras providências.

CAPÍTULO I
DAS DISPOSIÇÕES PRELIMINARES

Art. 1° As concessões de serviços públicos e de obras públicas e as permissões de serviços públicos **reger-se-ão pelos termos do art. 175 da Constituição Federal, por esta Lei, pelas normas legais pertinentes e pelas cláusulas dos indispensáveis contratos.**

Parágrafo único. A União, os Estados, o Distrito Federal e os Municípios promoverão a revisão e as adaptações necessárias de sua legislação às prescrições desta Lei, buscando atender as peculiaridades das diversas modalidades dos seus serviços.

1. **Regência legal dos Serviços Públicos:** O artigo inaugural de nossa lei explicita a necessidade de produção legal e normativa para que a **descentralização por colaboração ou por delegação** seja considerada lícita e viável. Fica claro que toda ação do Estado na direção da concessão ou da permissão de serviços públicos dependerá de uma legislação prévia que definirá os termos de sua realização e as regras de regulação dos pactos firmados.

Aplicação em concurso:

- *PC-PI/Delegado de Polícia/2018 – NUCEPE*

  "Sobre os serviços públicos, marque a alternativa CORRETA.

  D) Os serviços de utilidade pública não admitem delegação.

  E) Os serviços públicos propriamente ditos admitem delegação."

  Gabarito: Ambas afirmativas estão erradas. Serviços Públicos propriamente ditos são aqueles que, por conta de sua essencialidade, devem ser prestados SEMPRE de forma privativa pelo Estado, sem possibilidade de delegação. Serviços de utilidade pública são aqueles não essenciais, que permitem delegação.

2. **Obrigatoriedade de Licitação Prévia:** Conforme demonstrado anteriormente, a Constituição Federal, em seu art. 175, exigiu a realização de um procedimento licitatório nos casos de concessão e permissão de serviços públicos. Desse procedimento, decorrerá um contrato administrativo. Nesse contrato administrativo, encontraremos cláusulas contratuais que servirão como bússola de validade do contrato estabelecido. Resumindo: todo o procedimento necessário até a efetivação da concessão ou da permissão de serviços públicos deverá ser regulamentado em lei e o contrato resultante dessa relação será regido pelas cláusulas contratuais vigentes, inclusive cláusulas exorbitantes estabelecidas pela Lei 8.666/93, a Lei de Licitações e Contratos.

Aplicação em concurso:

- *TCM-BA/Auditor de Controle Externo/2018 – CESPE*

  "A concessão de serviço público

  A) deve ser precedida de licitação, não lhe sendo aplicáveis as hipóteses de dispensa previstas na lei de licitações."

  Gabarito: Afirmativa correta. Conforme estabelecido no art. 175 da CF/88, o procedimento licitatório deverá ocorrer SEMPRE na delegação de serviços públicos.

- *MPE-RJ/Técnico do Ministério Público – Área Administrativa/2016 – FGV*

  "Promotor de Tutela Coletiva instaurou inquérito civil público para apurar a legalidade da delegação pelo Município à determinada sociedade empresária da prestação do serviço público de transporte coletivo municipal de passageiros. No curso das investigações, restou comprovado que o contrato administrativo firmado para tal fim não foi precedido de licitação, mas a tarifa cobrada dos usuários tem preço módico. Dessa forma, deverá o Promotor:

  C) ajuizar ação civil pública para obrigar o Município a realizar licitação, na modalidade concorrência, para concessão do serviço público de transporte coletivo municipal de passageiros; "

  Gabarito: Afirmativa correta. Observe que não importa se o valor do serviço é módico ou não, se o serviço é prestado de forma correta ou não, mesmo se a qualidade do serviço seja superior a qualquer outro prestado na história do Município, a falta de um procedimento licitatório prévio torna o contrato ilegal.

3. **Repartição Constitucional de Competências:** A Constituição Federal prevê que a prestação de serviços públicos seja uma competência compartilhada entre os entes federados, conforme visto a seguir:

> "Art. 21. Compete à União:
>
> (...)
>
> XII – explorar, diretamente ou mediante autorização, concessão ou permissão:
>
> a) os serviços de radiodifusão sonora, e de sons e imagens;
>
> b) os serviços e instalações de energia elétrica e o aproveitamento energético dos cursos de água, em articulação com os Estados onde se situam os potenciais hidroenergéticos;
>
> c) a navegação aérea, aeroespacial e a infra-estrutura aeroportuária;

d) os serviços de transporte ferroviário e aquaviário entre portos brasileiros e fronteiras nacionais, ou que transponham os limites de Estado ou Território;

e) os serviços de transporte rodoviário interestadual e internacional de passageiros;

f) os portos marítimos, fluviais e lacustres;

(...)

Art. 25. Os Estados organizam-se e regem-se pelas Constituições e leis que adotarem, observados os princípios desta Constituição.

§ 1º – São reservadas aos Estados as competências que não lhes sejam vedadas por esta Constituição.

§ 2º Cabe aos Estados explorar diretamente, ou mediante concessão, os serviços locais de gás canalizado, na forma da lei, vedada a edição de medida provisória para a sua regulamentação.

Art. 30. Compete aos Municípios:

(...)

V – organizar e prestar, diretamente ou sub regime de concessão ou permissão, os serviços públicos de interesse local, incluído o de transporte coletivo, que tem caráter essencial;

VI – manter, com a cooperação técnica e financeira da União e do Estado, programas de educação pré-escolar e de ensino fundamental;

VII – prestar, com a cooperação técnica e financeira da União e do Estado serviços de atendimento à saúde da população;

VIII – promover, no que couber, adequado ordenamento territorial, mediante planejamento e controle do uso, do parcelamento e da ocupação do solo urbano;

IX – promover a proteção do patrimônio histórico-cultural local, observada a legislação e a ação fiscalizadora federal e estadual.

Art. 32. (...)

§ 1º – Ao Distrito Federal são atribuídas as competências legislativas reservadas aos Estados e Municípios."

Aplicação em concurso:

- *TJ-SE/Titular de Serviços de Notas e de Registros/2014 – CESPE*

  "Compete aos municípios a exploração direta ou por meio de concessão dos serviços de gás canalizado. "

  Gabarito: tal afirmativa é incorreta, já que a Constituição Federal em seu art. 25 a competência dos Estados os serviços relacionados a gás canalizado. Fica a dica : Gás CanalizADO é competência do estADO.

4. **Classificação dos Serviços Públicos:** Diversas classificações adotadas por diversos doutrinadores podem ser encontradas na literatura de serviços públicos. Nessa obra trarei as principais classificações cobradas em concursos, sem direcionar nosso estudo para doutrinador específico.

→ **Quanto à essencialidade**

I – Serviços Públicos Propriamente Ditos: São aqueles cuja prestação deve se dar de forma provativa pelo Poder Público, sendo indelegáveis por conta de sua essencialidade. Ex: Segurança Pública, Defesa Nacional.

II – Serviços Públicos de Utilidade Pública: São aqueles serviços não essenciais, podendo ser prestados diretamente ou não pelo Poder Público. Ex: Transporte Público Coletivo.

→ **Quanto aos Destinatários**

I – Serviços Uti Universi (Gerais): Serviços que não podem ter a sua utilização individual mensurada (indivisíveis), custeados pela arrecadação geral do Estado (impostos). Ex: Coleta Coletiva de Lixo.

► **STF**

O serviço de iluminação pública é considerado um serviço indivisível, e por isso nunca poderá ser custeado através da cobrança de taxas individuais. Entendimento sumulado pelo STF. Ex: Água, Esgoto, Energia Elétrica.

"O serviço de iluminação pública não pode ser remunerado mediante taxa." Súmula 670 – STF

II – Serviços Uti Singuli (Individuais): São os serviços divisíveis, ou seja, aqueles que se pode mensurar a utilização individual, custeado através da cobrança de tarifas ou taxas.

▶ **STF**

Apesar de ser um serviço de característica indivisível, a remoção, coleta e tratamento ou destinação de lixo ou resíduos quando se trata de proveniência de **imóveis** terá como sua base de cálculo a metragem da área construída do imóvel, ou seja, o legislador definiu ser o IPTU a base de cálculo da remuneração desse serviço. Por tal motivo, apesar de ser um serviço de caráter indivisível, sua remuneração se dará através da cobrança de taxas.

"A taxa cobrada exclusivamente em razão dos serviços públicos de coleta, remoção e tratamento ou destinação de lixo ou resíduos provenientes de imóveis não viola o artigo 145, II, da Constituição Federal." Súmula Vinculante 19

▶ **Importante**: Não confunda a classificação do serviço de iluminação pública (serviço público geral ou uti universi) com a classificação do serviço de fornecimento de energia elétrica (serviço público uti singuli). MUITO COMUM CAIR EM PROVAS DE CONCURSO ESSA QUESTÃO ESPECÍFICA.

Aplicação em concurso:

- *AGU/Arquivista/2019 – IDECAN*

  "Os serviços públicos estão sob a responsabilidade do Estado para atender, de forma eficiente, às demandas da população, proporcionando melhores condições de vida social. Nesse sentido, há diversas formas de classificar os serviços públicos. Assinale a alternativa que represente exemplo de serviço público uti universi.

  A) serviço portuário

  B) serviço de prestação jurisdicional

C) serviço de fornecimento de água

D) serviço de iluminação pública

E) serviço de telefonia móvel"

Gabarito: Letra D. De todos os serviços apresentados como alternativas, o único que se identifica como indivisível e custeado através dos recursos gerais do Estado é o serviço de iluminação pública, todos os outros sendo passíveis de mensuração da utilização individual, logo, divisíveis, característica do serviço uti singuli.

→ Quanto à Obrigatoriedade

I – Serviços Compulsórios: Essenciais à coletividade, não podem ser abdicados pelos destinatários. A cobrança se efetiva mediante taxas, sendo admitida a chamada "taxa mínima". Por essa taxa ter caráter de tributo, seu não pagamento poderá ensejar uma execução fiscal nos moldes da Lei 6.830/80.

► **STJ**

Apesar de não se tratar de um serviço público individual compulsório o STJ vem admitindo a cobrança de assinatura básica nos contratos de serviço de telefonia, paga independentemente da utilização pelo usuário do serviço.

"É legítima a cobrança da tarifa básica pelo uso dos serviços de telefonia fixa." Súmula 356 – STJ

II – Serviços Facultativos: Prestados visando os interesses da coletividade, podendo ou não ser utilizados pelos usuários. Por essa característica, seu custeio se dará através da cobrança de tarifas ou preços públicos, sem caráter tributário.

► **STF**

Havia uma discussão sobre a natureza privada das tarifas e sua possível confusão com o conceito de taxas. Essa confusão foi definida pelo STF através de súmula.

"Preços de serviços públicos e taxas não se confundem, porque estas, diferentemente daqueles, são compulsórias e têm sua

cobrança condicionada à prévia autorização orçamentária, em relação à lei que as instituiu." Súmula 545– STF

Aplicação em concurso:

- *PC-ES/Escrivão de Polícia/2019 – INSTITUTO AOCP*

  "Os serviços públicos podem ser classificados

  A) quanto à obrigatoriedade da utilização, em compulsórios e facultativos."

  Gabarito: Alternativa correta. Os serviços públicos podem ser de utilização obrigatória ou facultativa.

→ **Quanto à Adequação dos Serviços Públicos**

I – Serviços Públicos Próprios: Prestados unicamente pelo Poder Público, logo, indelegáveis. Ex: Polícia, Saúde Pública.

II – Serviços Públicos Impróprios: Satisfazem o interesse da sociedade, não se caracterizando como atividades típicas do Estado, ou seja, são de utilidade pública. Ex: Conservação de Estradas.

→ **Quanto à Finalidade dos Serviços Públicos**

I – Serviços Administrativos: Atendem as necessidades internas da Administração Pública. Ex: Imprensa Oficial.

II – Serviços Industriais: Prestados diretamente ou através de delegação com a finalidade de atender necessidades do particular de natureza econômica. Ex: Transporte, Telecomunicação.

III – Serviços Gerais: Prestados à coletividade em geral, sem ter um usuário determinado. Ex: Tratamento de Esgoto.

IV – Serviços Sociais: Prestados à coletividade diretamente pelo Estado em paralelo à execução pela iniciativa privada. Ex: Saúde, educação, previdência.

→ **Quanto à Exclusividade dos Serviços Públicos**

I – Serviços Exclusivos: Prestados pelo Estado ou por delegação, podendo ser classificados em: Indelegáveis, Delegáveis e de Delegação Obrigatória.

I.I – Serviços Exclusivos Indelegáveis: Somente podem ser prestados pelo Estado, não se admitindo a transferência a particulares. Ex: Organização da Administrativa, Administração Tributária.

I.II – Serviços Exclusivos Delegáveis: Prestados necessariamente pelo Estado, mas podem ser transferidos a particulares mediante delegação. Ex: Energia Elétrica, Transporte Público.

I.III – Serviços de Delegação Obrigatória: São os serviços de radiodifusão sonora e radiodifusão de sons e imagens, regulamentados no art. 223 da CF/88. Evita monopólio pelo Estado de tais serviços.

II – Serviços Não Exclusivos: Prestados diretamente ou através de delegação, mas também podem ser explorados livremente por particulares, sendo o Poder Público responsável pela simples autorização e fiscalização da exploração dos serviços. Ex: Saúde, alimentação, educação.

Aplicação em concurso:

- *TJ-PR/Titular de Serviços de Notas e de Registros – Provimento/2019 – NC-UFPR*

  "Ou seja, se o Poder Público quiser oferecer em regime de oferta e procura um bem econômico qualificado juridicamente como serviço público, deve fazê-lo por intermédio de entidades empresariais" (GABARDO, 2009). Levando em consideração o exposto, assinale a alternativa correta.

  B) Os serviços públicos privativos de Estado são aqueles obrigatoriamente delegados para entidades empresariais segundo a Constituição da República."

  Gabarito: Alternativa incorreta. Serviços Públicos Privativos do Estado podem até ser delegados, mas não possuem a sua delegação obrigatória, com exceção do serviço específico de comunicações.

- *CRESS – SC/Assistente Administrativo Jr./2019 – Quadrix*

  "Serviços indelegáveis ou essenciais são aqueles que podem ser prestados pelo Estado e, eventualmente, por particulares."

Gabarito: Afirmativa incorreta. Como o próprio nome sugere, serviços indelegáveis são aqueles de prestação exclusiva pleo Estado, não podendo ser transferidos a particulares.

Art. 2° Para os fins do disposto nesta Lei, considera-se:

I – poder concedente: a União, o Estado, o Distrito Federal ou o Município, em cuja competência se encontre o serviço público, precedido ou não da execução de obra pública, objeto de concessão ou permissão;

II – **concessão** de serviço público: a **delegação** de sua prestação, **feita pelo poder concedente**, mediante **licitação**, na modalidade de **concorrência**, à **pessoa jurídica** ou **consórcio de empresas** que demonstre capacidade para seu desempenho, por sua conta e risco e por prazo determinado;

III – **concessão** de serviço público **precedida** da execução **de obra** pública: a construção, **total ou parcial,** conservação, reforma, ampliação ou melhoramento de quaisquer obras de interesse público, delegada pelo poder concedente, mediante **licitação**, na modalidade de **concorrência**, à **pessoa jurídica** ou **consórcio de empresas** que demonstre capacidade para a sua realização, por sua conta e risco, de forma que o investimento da concessionária seja remunerado e amortizado mediante a exploração do serviço ou da obra por prazo determinado;

IV – **permissão** de serviço público: a delegação, a título **precário**, mediante **licitação**, da prestação de serviços públicos, feita pelo poder concedente à **pessoa física ou jurídica** que demonstre capacidade para seu desempenho, por sua conta e risco.

1. **Concessão Comum de Serviços Públicos:** A Lei 8.987/95 prevê duas modalidades de concessão comum de serviço público, sendo elas a **concessão simples** e a **concessão precedida de obra pública**. Antes de explicar, cada uma delas, vale deixar uma informação importante: A doutrina considera as modalidades de concessão previstas na Lei 8.987/95 como **CONCESSÃO COMUM** para podermos diferenciar com mais facilidade das modalidades que surgiram após a edição da Lei 11.079/2004, conhecida como Lei das

Parcerias Público-Privadas, que ficaram conhecidas como modalidades de **CONCESSÃO ESPECIAL**.

I. Concessão Simples: Modalidade prevista no inciso II do art. 2º, em que após o procedimento licitatório, o concessionário assume imediatamente a prestação do serviço público, remunerando-se pelo serviço prestado através da cobrança direta ao usuário do serviço. Ex: Transporte público coletivo urbano. Após a concessão, basta a concessionária disponibilizar sua frota de veículos e seus funcionários para que a exploração monetária do serviço inicie.

II. Concessão Precedida de Obra: Modalidade prevista no inciso III do art. 2º, determinado que o concessionário não poderá explorar a prestação de serviço público imediatamente após a efetivação da concessão, sendo necessário finalizar a obra prevista no edital do procedimento ANTES do direito de cobrança. Ex: Edital licitatório de concessão de rodovia federal que prevê a necessidade de recapeamento asfáltico e duplicação de trechos da via como requisitos para início da cobrança pelo serviço público ao usuário.

Aplicação em concurso:

- *Câmara de Conselheiro Lafaiete – MG/Analista Jurídico/2019 – FCM*

  "Concessão de serviço público é a delegação de sua prestação, feita pelo poder concedente, mediante licitação, na modalidade de concorrência, à pessoa jurídica ou consórcio de empresas que demonstre capacidade para seu desempenho, por sua conta e risco e por prazo determinado. "

  Gabarito: Afirmativa correta, pois apresenta todas as características que a lei define como conceituais de uma concessão de serviço público.

- *Prefeitura de Recife – PE/Analista de Gestão/2019 – FCC*

  "Suponha que o Município pretenda conceder à iniciativa privada a exploração de serviços de saneamento básico, considerando a ausência de recursos públicos suficientes para realizar, no curto prazo, a necessária ampliação da infraestrutura existente bem como a inviabilidade de aumento da tarifa cobrada tendo em vista o perfil dos usuários. Diante de tal cenário, apresenta-se como alternativa juridicamente viável para a consecução dos fins colimados pelo Município a contratação de:

D) concessão de serviços precedida de obra pública, com aporte de recursos do Município, desde que após a disponibilização, pela concessionária, de parcela fruível do objeto concedido. "

Gabarito: Afirmativa incorreta, pois no caso da concessão precedida de de obra pública a disponibilização dos serviços (ou de parcela dele) deve ser ANTES do início da cobrança pela concessionária. Além do mais, não há nesse tipo de concessão aporte de nenhum valor por parte do Poder Concedente, sendo o concessionário remunerado integralmente pelo usuário.

2. **Concessão Especial de Serviços Públicos:** Surgiu com a lei 11.079/2004, com as PPPs (Parcerias Público-Privadas). A concessão especial poderá ser:

   I. Concessão Administrativa: Nesse caso de PPP, a Administração Pública será a usuária final (direta ou indireta) do serviço, sendo a responsável integral pela remuneração pelo serviço prestado. Ex: Construção de presídios pelo parceiro privado com pagamento pelos serviços feito pelo Poder Concedente.

   II. Concessão Patrocinada: Situação em que a remuneração pelos serviços prestados será feita parte pelo usuário final e parte pela Administração Pública. Ex: Concessão de rodovia estadual, em que o Estado se compromete a pagar uma parcela mensal mediante aferição de desempenho, sem afastar a cobrança do pedágio diretamente ao usuário.

Aplicação em concurso:

- *Câmara de Conselheiro Lafaiete – MG/Analista Jurídico/2019 – FCM*

"a concessão especial, conhecida por Parceria Pública Privada, é o contrato de prestação de serviços de que a

Administração Pública seja a usuária direta ou indireta, desde que não envolva execução de obra ou fornecimento e instalação de bens."

Gabarito: Afirmativa incorreta. O contrato de prestação que tem como usuária direta ou indireta a Administração Pública é conhecido como concessão administrativa. Concessão especial é um sinônimo de PPP que poderá ser firmada de duas formas: concessão administrativa e concessão patrocinada.

- *SEAD-AP/Assistente Administrativo/2018 – FCC*

"Em um contrato de concessão de serviços públicos, a Administração pública, que figura como poder concedente, está enfrentando problemas orçamentário-financeiros, o que vem ensejando atraso no pagamento da remuneração à concessionária. Essa descrição indica

D) que se trata de um contrato de concessão patrocinada, posto que, diferentemente da concessão comum e da concessão administrativa, depende de contraprestação mensal à concessionária. "

Gabarito: Afirmativa incorreta. A modalidade concessão administrativa também depende de contraprestação do Poder Concedente, assim como a concessão patrocinada.

► *Fica a dica: Concessão ADMINISTRAtiva tem a ADMINISTRAção pública como remunerador integral. Concessão PATROCInada tem a Administração Pública como PATROCINAdora do valor junto ao usuário.*

- *AFAP/Agente/2019 – FCC*

"A Administração pública celebrou um contrato de concessão administrativa para prestação de serviços de gestão administrativa, realização de reformas e melhorias, ampliação das edificações e manutenção predial de unidades escolares, excluído do objeto o aspecto pedagógico referente ao ensino público. A natureza jurídica desse contrato indica que

C) se trata de uma Parceria Público-Privada, tendo o poder concedente como usuário indireto da prestação dos serviços, devida contraprestação ao concessionário pelas obras e serviços prestados."

Gabarito: Afirmativa correta. A característica essencial de um contrato de concessão administrativa é a contraprestação pecuniária devida pelo poder concedente ao concessionário, independentemente de ser usuário direto ou indireto do serviço.

3. **Concessão x Permissão de Serviços Públicos:** Um importante conceito a ser dominado para o correto entendimento do estudo dessa Lei pode ser extraído da leitura dos incisos II e IV do art. 2º. Aqui podemos destacar as principais características que permitem a diferenciação dos contratos de Concessão e Permissão de Serviços Públicos. Obs.: Apesar de não existir previsão na lei em estudo, faz-se de extrema importância estudar também as características da autorização de serviços públicos. Observe o quadro a seguir:

Diferenças	Concessão	Permissão	Autorização
Modalidade de Licitação	Concorrência	Qualquer modalidade cabível	Não necessita licitar
Delegatário	Pessoa Jurídica ou Consórcio de Pessoas Jurídicas	Pessoa Física ou Pessoa Jurídica	Pessoa Física ou Pessoa Jurídica
Vínculo Estabelecido	Contrato Administrativo	Contrato de Adesão	Ato Administrativo
Segurança Jurídica	Não Precário	Precário	Precário

Aplicação em concurso:

- *TJ-SE/Titular de Serviços de Notas e de Registros/2014 – CESPE*

  "Autorização, concessão e permissão são formas contratuais de delegação do serviço público."

  Gabarito: Afirmativa incorreta, já que somente os concessão e permissão de serviços são considerados contratos de delegação. A autorização se dá através de um simples ato administrativo.

- *IF-PA/Assistente em Administração/2019 – IF-PA*

  "a concessão de serviços públicos admite outras modalidades de licitação, dependendo do valor contratado."

  Gabarito: Afirmativa incorreta, a delegação através da concessão exige procedimento licitatório prévio na modalidade concorrência.

- *IF-PA/Assistente em Administração/2019 – IF-PA*

  "a permissão de serviço público é ato administrativo unilateral, discricionário e precário, dispensado de licitação."

  Gabarito: Afirmativa incorreta, a delegação através da permissão se formalizará através de um contrato de adesão.

4. **A Contratualização da Permissão de Serviços Públicos**: Apesar do texto do arts. 175 da CF/88 e do art. 2º da Lei 8.987/95 e do entendimento pacificado no STF de que a permissão de serviços públicos é um instrumento formalizado através de um contrato administrativo (especificamente, contrato de adesão), não podemos aplicar nesse caso as características clássicas de um contrato administrativo como a sua não revogabilidade por simples ato do Poder Concedente. Como se percebe pela legislação vigente, o contrato de permissão poderá ser revogado ou rescindido a qualquer momento, por conta de sua precariedade.

Aplicação em concurso:

- *IPM – SP /Agente Administrativo/2018 – INSTITUTO AOCP*

  "Reputa-se permissão de serviço público a delegação, a título precário, mediante licitação, obrigatoriamente na modalidade concorrência, da prestação de serviços públicos, feita pelo poder concedente à pessoa jurídica que demonstre capacidade para seu desempenho, por sua conta e risco."

  Gabarito: Afirmativa incorreta. Apesar da efetiva necessidade de realização de licitação para a formação do contrato, mesmo que precário, a modalidade a ser utilizada vai depender do valor do contrato, não sendo obrigatória a modalidade concorrência em todos os casos.

Art. 3° As concessões e permissões **sujeitar-se-ão à fiscalização** pelo **poder concedente** responsável pela delegação, com a **cooperação dos usuários.**

1. **Responsabilidade Subsidiária do Poder Público:** As empresas concessionarias ou permissionárias de serviços públicos assumem o risco do negócio e a responsabilidade pelo serviço, podendo ser alvo de reclamações ou até ações indenizatórias por parte dos usuários. Porém, o Poder Público não se exime da possível responsabilização por má prestação de serviço ou por dano resultante do serviço prestado, sendo responsável subsidiário (em regra, há casos de responsabilização solidária). Com isso, é importante que o Poder Público realize a fiscalização do contrato após sua formalização para garantir que o contratado não crie situações de possível prejuízo futuro aos cofres públicos.

Aplicação em concurso:

- *CORE-MS/Auxiliar Administrativo/2018 – INAZ do Pará*

  "Abastecimento de gás e água, fornecimento de energia elétrica, telecomunicações e transporte coletivo são espécies de serviços públicos. A prestação de serviços públicos é responsabilidade do poder público que pode prestá-lo diretamente ou delegá-lo ao particular através do regime de concessão ou permissão. São aspectos da concessão ou permissão do Serviço Público, os quais são obrigatoriamente previstos em lei, **exceto**:

  D) A fiscalização do serviço prestado à população."

  Gabarito: Afirmativa correta, logo, não é a resposta da questão proposta. Dentre outros diversos aspectos previstos como resultado dos contratos de concessão e permissão, temos a fiscalização dos serviços pelo Poder Público e pela população como um dos mais importantes.

- *Prefeitura de Andradina – SP/Procurador Jurídico/2017 – VUNESP*

  "Tendo em vista o disposto na Lei no 8.987/95, que trata da concessão do serviço público, na hipótese de a concessionária, na execução do serviço concedido, causar prejuízos aos usuários,

C) a concessionária responderá pelos danos causados, mas o poder concedente responderá no lugar dela se este não exerceu, corretamente, seu poder de fiscalização."

Gabarito: Afirmativa incorreta. O poder concedente terá responsabilidade subsidiária, ou seja, só responderá caso seja demonstrada a incapacidade da concessionária em reparar o dano causado. A falta de fiscalização pelo poder público não ameniza nem exclui a responsabilidade originária da concessionária.

► **STF**

Não reconhece a responsabilidade imediata do Poder Público quanto ao inadimplemento de encargos trabalhistas por parte da concessionária ou permissionária de serviço público. O entendimento firmado é de que somente restará responsável o Poder Público caso seja comprovada a falta de fiscalização contratual por parte do Poder Público.

"O inadimplemento dos encargos trabalhistas dos empregados do contratado não transfere automaticamente ao Poder Público contratante a responsabilidade pelo seu pagamento, seja em caráter solidário ou subsidiário, nos termos do art. 71, § 1º, da Lei nº 8.666/93." (STF. Plenário. RE 760931/DF, rel. orig. Min. Rosa Weber, red. p/o ac. Min. Luiz Fux, julgado em 26/4/2017 (repercussão geral) (Info 862))

► **Importante**: O entendimento apresentado se refere apenas aos encargos de cunho trabalhista. Em se tratando de encargos previdenciários, há aplicação normal do art. 71 §2º da lei 8.666/93, que afirma **responsabilidade solidária** do Poder Público.

Aplicação em concurso:

- *MPE-PR/Promotor de Justiça/2019 – MPE-PR*

"O inadimplemento dos encargos trabalhistas dos empregados do contratado não transfere automaticamente ao Poder

Público contratante a responsabilidade pelo seu pagamento, seja em caráter solidário ou subsidiário."

Gabarito: Afirmativa correta, visto que independentemente do caráter de responsabilidade, o Poder Público não se isentará de eventual inadimplemento por parte do delegatário.

Art. 4° A concessão de serviço público, **precedida ou não da execução de obra pública,** será formalizada mediante contrato, que deverá observar os termos desta Lei, das normas pertinentes e do edital de licitação.

1) Aplicação em concurso:

- *PRF/Agente Administrativo/2012 – CESPE*

  "A concessão de serviço público, precedida ou não da execução de obra pública, será formalizada mediante contrato administrativo."

  Gabarito: Afirmativa correta, conforme expresso no texto da lei. Observe que o fato de, na legislação, não constar expressamente "contrato administrativo" não torna a afirmativa incorreta, pois sabemos que todo contrato derivado de um procedimento licitatório é um contrato administrativo.

Art. 5° O poder concedente **publicará, previamente ao edital** de licitação, ato **justificando** a **conveniência** da outorga de concessão ou permissão, caracterizando seu **objeto, área e prazo.**

1. **Princípio da Publicidade:** O edital de licitação deverá conter todas as informações essenciais sobre contrato quanto a validade, motivo, requisitos e cláusulas essenciais, por força do princípio administrativo clássico da Publicidade.
2. **Princípio da Motivação:** Por ser um ato administrativo de caráter oneroso, ou seja, responsável pela realização de um gasto público, o procedimento de delegação de serviço público deve ser devidamente motivado para que seja

válido, sob pena de nulidade por vício de forma no caso da ausência da motivação.

3. **Fase Interna da Licitação:** Observe que o artigo determina que o ato de justificativa deverá PRECEDER ao edital de licitação, isso por força da Lei 8.666/93, que exige uma fase interna do procedimento antes da efetiva publicação do edital. Nessa fase interna, além de outras exigências (como, por exemplo, a produção da minuta do edital e do contrato), deverá a autoridade competente justificar a sua intenção de delegação.

Aplicação em concurso:

- *SEFAZ-RS/Auditor Fiscal da Receita Estadual/2014 – FUNDATEC*

  "O poder concedente publicará, previamente ao edital de licitação, ato justificando a conveniência da outorga de concessão e permissão, caracterizando seu objeto, área e prazo."

  Gabarito: Afirmativa correta, o ato justificador deverá preceder o edital de licitação.

Art. 6° Toda concessão ou permissão pressupõe a prestação de serviço adequado ao pleno atendimento dos usuários, conforme estabelecido nesta Lei, nas normas pertinentes e no respectivo contrato.

§ 1° Serviço adequado é o que satisfaz as condições de **regularidade, continuidade, eficiência, segurança, atualidade, generalidade, cortesia na sua prestação e modicidade das tarifas.**

§ 2° A atualidade compreende a modernidade das técnicas, do equipamento e das instalações e a sua conservação, bem como a melhoria e expansão do serviço.

§ 3° **Não se caracteriza como descontinuidade** do serviço a sua interrupção em **situação de emergência ou após prévio aviso**, quando:

I – motivada por razões de ordem técnica ou de segurança das instalações; e,

II – por inadimplemento do usuário, considerado o interesse da coletividade.

1. **Princípios da Adequada Prestação do Serviço:** Denominados Princípios dos Serviços Públicos, são essenciais para que o Poder Público e o usuário do serviço público possam mensurar a qualidade do serviço prestado pelo delegado. Observados todos os princípios aqui previstos podemos afirmar que o serviço é prestado de forma adequada, seja pelo Poder Público ou pelo delegatário. Podemos destacar da lei os princípios:

Regularidade	O serviço deve ser ofertado durante toda a validade do contrato de forma regular, mantendo-se ou aprimorando-se a qualidade do serviço todo o tempo.
Continuidade	Para evitar problemas nas diversas atividade particulares da sociedade, o serviço deve ser prestado sem interrupções.
Eficiência	Perfeito equilíbrio entre o gasto pelo serviço e a qualidade oferecida.
Segurança	O serviço deve ser prestado garantindo a segurança de todos, usuários ou não.
Atualidade	Para a manutenção da regularidade e garantia da eficiência do serviço, devem ser empregadas as tecnologias e metodologias mais atuais possíveis.
Generalidade (Universalidade)	O serviço deve estar disponível a todos, prestados com a maior amplitude possível, beneficiando assim o maior número de pessoas. Se aplica a isonomia, quando necessário, para garantia da universalidade real.
Modicidade das Tarifas	Para que o benefício do serviço seja estendido a todos, devem estes ser remunerados por valores módicos, considerando o poder aquisitivo da região.
Cortesia	Os prestadores de serviço devem agir com a maior cortesia e urbanidade com os administrados.

Aplicação em concurso:

- *ITAIPU BINACIONAL – Profissional de Nível Universitário Jr – Direito/2019 – CN-UFPR*

  "Serviço adequado é o que satisfaz as condições de regularidade, continuidade, eficiência, segurança, atualidade, generalidade, cortesia na sua prestação e modicidade das tarifas."

  Gabarito: Afirmativa correta. A adequada prestação de um serviço é considera aquela que atende aos princípios norteadores dos serviços públicos, conforme tratados na afirmativa.

- *Câmara de Conselheiro Lafaiete – MG/Analista Jurídico/2019 – FCM*

  "em atendimento ao princípio da eficiência, todos os serviços públicos podem ser delegados, tendo em vista a maior capacidade do setor privado em reduzir custos operacionais e de prestar melhores serviços. "

  Gabarito: Afirmativa incorreta. Nem todo serviço público é delegável, por serem serviços públicos exclusivos do Estado. Segurança Nacional, por exemplo.

- *DPE-AM/Assistente Técnico – Administrativa/2018 – FCC*

  "Está sujeita a regras e princípios, que afetam não só os prestadores como os usuários, estes que devem, em razão do princípio da isonomia, estar sujeitos ao mesmo valor de tarifa, sendo vedada a prática de subsídio tarifário."

  *Gabarito: Afirmativa incorreta, observe como as bancas costumeiramente utilizam-se da ideia inicial do princípio da igualdade para tentar afastar qualquer possibilidade de tratamento diferenciado no que tange serviços públicos. **Fique sempre ligado: a prestação do serviço deve ser oferecida sem discriminação, sempre, mas a forma de acesso ao serviço poderá ter tratamento diferenciado por conta de situações específicas, atendendo a demanda do princípio da generalidade**.*

- *DPE-AM/Assistente Técnico – Administrativa/2018 – FCC*

  "Os concessionários de serviço público, nos termos da Lei n° 8.987/1995, têm o dever de prestar serviço adequado, considerado aquele que satisfaz, dentre outras, condições de eficiência, atualidade e modicidade das tarifas, razão porque

A) estão obrigados a realizar investimentos não só para atualizá-lo como para expandi-lo, independentemente de previsão contratual e da recomposição dos custos, em razão do princípio da modicidade tarifária."

Gabarito: Afirmativa incorreta. Apesar de ser uma real obrigação prevista para o concessionário, o investimento na melhoria do serviço não é uma consequência do princípio da modicidade das tarifas, mas sim do ***princípio da atualidade****.*

- *UFG/Técnico – Transportes/2018 – CS-UFG*

"Toda concessão ou permissão pressupõe a prestação de serviço adequado ao pleno atendimento dos usuários. Nesse sentido, a Lei n. 8.987/1995 define os requisitos de um serviço adequado. Essa lei apresenta entre outros requisitos:

A) regularidade, continuidade e atualidade."

Gabarito: Afirmativa correta, pois apresenta alguns dos requisitos para configuração da adequada prestação do serviço público.

- *AL-GO/Analista Legislativo/2015 – UFG*

"O direito administrativo, por intermédio da doutrina e jurisprudência, ensina que, aos serviços públicos, aplica-se prioritária e especificamente o princípio da

A) modicidade, pelo qual os serviços públicos devem ser remunerados a preços módicos, devendo o Poder Público calcular o valor das tarifas com vistas à eficiência e lucros máximos."

Gabarito: Alternativa correta, a função do princípio da modicidade das tarifas é estabelecer uma forma de estipular preços justos para garantir o mais amplo acesso ao serviço pelos interessados.

- *METRÔ-DF/Advogado/2014 – IADES*

"Dado o princípio da igualdade, os serviços públicos devem ser prestados de modo isonômico a todos os usuários, vedando-se, em qualquer caso, o estabelecimento de tarifas diferenciadas."

Gabarito: Afirmativa incorreta, para garantir a disponibilização do serviço para todos os segmentos da sociedade deve-se levar em consideração as condições desiguais que podem ser identificadas dentro de um mesmo grupo. Um exemplo clássico são as tarifas de serviços de transporte coletivo com valores menores para estudantes ou até mesmo sua isenção no caso de idosos.

2. **Princípio da Continuidade:** Muito importante ficarmos atentos quanto a esse princípio. Apesar da regra ser a manutenção da prestação do serviço independentemente de eventuais problemas de gestão ou contratuais, a legislação prevê algumas situações em que o serviço poderá ser paralisado sem que configure ação ilícita pelo prestador de serviço. Observe:

> "Art. 6º (...)
>
> § 3º Não se caracteriza como descontinuidade do serviço a sua interrupção em situação de emergência ou após prévio aviso, quando:
>
> I – motivada por razões de ordem técnica ou de segurança das instalações; e,
>
> II – por inadimplemento do usuário, considerado o interesse da coletividade."

A Lei 8.987/95 nos apresenta três situações de interrupção lícita (ou seja, sem configurar descontinuidade do serviço) de forma explícita, sendo:

✓ **situação de emergência**, quando, por condições imprevistas o serviço é abruptamente interrompido (chuva que derruba um galho de árvore sobre a fiação, por exemplo);

✓ **razões de ordem técnica ou se segurança das instalações**, sendo aqui situações de necessidade de uma interrupção no serviço para manutenção de equipamentos ou realização de novas instalações, sendo exigido do delegatário o aviso prévio;

▶ **STJ**

Permite a realização de aviso prévio na interrupção de serviço de energia elétrica através das redes de rádio.

"A divulgação da suspensão no fornecimento de serviço de energia elétrica por meio de emissoras de rádio, dias antes da interrupção, satisfaz a exigência de aviso prévio, prevista no art. 6o, § 3º, da Lei n. 8.987/1995". STJ, REsp 1.270.339-SC, Rel. Min. Gurgel de Faria, por unanimidade, julgado em 15/12/2016, DJe 17/2/2017.

✓ **por inadimplemento do usuário, considerado o interesse da coletividade**, já que a prestação de serviço demanda uma contraprestação, qual seja o pagamento da remuneração pelo serviço prestado. Nesse caso também se exige aviso prévio, pois o corte do fornecimento de serviço não pode ocorrer de forma abrupta.

▶ **Importante**: é possível a suspensão do serviço público pela concessionária quando o Poder Público, na figura do usuário, encontra-se inadimplente? Para o STJ, a interrupção poderá ocorrer normalmente, **salvo na hipótese de serviços essenciais**. Ex: Hospitais, Postos de Saúde, Creches). Além disso, o STF já pacificou entendimento que, por força do art. 78, XV da Lei 8.666/93, o Poder Público poderá inadimplir por até 90 dias sem que sofra nenhum aviso prévio de corte de fornecimento. A ameaça do corte só poderá ocorrer no caso de inadimplência por período SUPERIOR a 90 dias (*exceção de contrato não cumprido*). Observe que no caso de particulares basta inadimplência por período SUPERIOR a 30 dias para o aviso ser possível.

▶ **STJ**

Proíbe a interrupção de serviços essenciais aos particulares inadimplentes quando se puder auferir prejuízo mínimo ao direito à saúde e à integridade física do usuário.

"A interrupção da prestação, ainda que decorrente de inadimplemento, só é legítima se não afetar o direito à saúde e à integridade física do usuário. Seria inversão da ordem constitucional conferir maior proteção ao direito de crédito da concessionária que aos direitos fundamentais à saúde e à integridade física do consumidor. " STJ, REsp 1245 812/RS, R el. Ministro HERMAN BENJAMIN, SEGUNDA TURMA , julgado em 21/06/2011, DJe 01/09/2011

Aplicação em concurso:

- *DPE-AM/Analista – Ciências Jurídicas/2018 – FCC*

  "Continuidade da prestação dos serviços públicos, que inadmite a interrupção de sua prestação em face dos usuários, em razão da essencialidade, bem como veda o descumprimento contratual perante o Poder Público, diante da imprescindibilidade de sua execução."

  Gabarito: Afirmativa incorreta. Sabemos que por motivos de inadimplência tanto particular quanto Poder Público podem sofrer interrupção da prestação do serviço.

- *TCE-PB/Auditor de Contas Públicas/2018 – CESPE*

  "A interrupção do serviço público não se caracterizará como descontinuidade quando ocorrer por motivos de ordem técnica, desde que ocorra após prévio aviso."

  Gabarito: Afirmativa correta. Observe que o texto legal diz que, nos casos expressos, a interrupção não se caracterizará como descontinuidade, será apenas uma suspensão lícita de prestação de serviço.

3. **Princípio da Continuidade x Direito de Greve dos Servidores:** Consagrado pelo texto constitucional, o direito de greve configura uma paralisação completa da prestação de um serviço. Como forma de garantir o atendimento ao direito constitucional da greve e ao princípio basilar da continuidade do serviço, o STF aplica o entendimento de que toda greve de serviço público deverá garantir a manutenção de um quantitativo mínimo de servidores em atuação para garantia da continuidade dos serviços essenciais, conforme previsto no texto constitucional no caso de greve de funcionários privados.

> "Art. 9º CF/88 – É assegurado o direito de greve, competindo aos trabalhadores decidir sobre a oportunidade

de exercê-lo e sobre os interesses que devam por meio dele defender.

§ 1º A lei definirá os serviços ou atividades essenciais e disporá sobre o atendimento das necessidades inadiáveis da comunidade."

STF

Entendeu que a vedação constitucional ao direito de greve dos servidores militares deve se estender também para os policiais civis e para todos os agentes de segurança pública.

"O exercício do direito de greve, sob qualquer forma ou modalidade, é vedado aos policiais civis e a todos os servidores públicos que atuem diretamente na área de segurança pública.". STF, ARE 654432, Rel. Min. Edson Fachin, julgamento de mérito com repercussão geral em 05/04/2017.

Aplicação em concurso:

- *PGE-SC/Procurador do Estado/2018 – FEPESE*

  "Não se caracteriza como descontinuidade do serviço a sua interrupção em situação de calamidade pública, emergência, grave perturbação da ordem ou, ainda, após prévio aviso, quando motivada por razões de inadimplemento do usuário, falta justificada de pessoal ou greve."

  Gabarito: Afirmativa incorreta, pois a interrupção do serviço por falta justificada de pessoal ou greve configurará descontinuidade do serviço público. Apesar da previsão da possibilidade de greve, não podemos esquecer que a greve não poderá paralisar o serviço em sua totalidade, devendo ser mantido um mínimo necessário para atendimento das necessidades da sociedade.

- *PC-MS/Delegado de Polícia/2017 – FAPEMS*

  "O exercício do direito de greve exercido por policiais civis é hipótese cabível de descontinuidade da execução de serviço público por eles executado."

  Gabarito: Afirmativa incorreta. Devemos lembrar que o direito de greve é garantido na Constituição Federal para os funcionários privados e para os servidores públicos civis, sendo vedado esse direito para os servidores públicos militares. O STF já determinou em repercussão geral que policiais civis e agentes que atuem diretamente na segurança pública não possuem direito de greve.

- *TRE-PI/Analista Judiciário/2016 – CESPE*

  "Embora o direito de greve seja assegurado constitucionalmente aos servidores públicos, a falta de norma federal regulamentadora desse dispositivo, que garanta a continuidade do serviço público, torna ilícito o exercício desse direito."

  Gabarito: Afirmativa incorreta. O STF determina a aplicação por analogia da Lei de Greve (Lei 7.783/89) aos servidores públicos. MI 670, 708 e 712.

- *ANVISA/Técnico Administrativo/2010 – CETRO*

  "Segundo o princípio da continuidade da prestação do serviço público, a execução do serviço público, em regra, não pode ser interrompida. Assim, a greve dos servidores públicos não pode implicar paralisação total da atividade, caso contrário será inconstitucional."

  Gabarito: Afirmativa correta. A greve não é vedada aos servidores, desde que a fruição desse direito não interrompa completamente o serviço público.

Art. 7º Sem prejuízo do disposto na Lei no 8.078, de 11 de setembro de 1990, são **direitos e obrigações** dos usuários:

I - receber serviço **adequado**;

II - receber do poder concedente e da concessionária **informações** para a defesa de interesses individuais ou coletivos;

III - obter e utilizar o serviço, com **liberdade de escolha entre vários prestadores de serviços**, quando for o caso, observadas as normas do poder concedente

IV - **levar ao conhecimento** do poder público e da concessionária as **irregularidades** de que tenham conhecimento, referentes ao serviço prestado;

V - **comunicar às autoridades competentes** os atos ilícitos praticados pela concessionária na prestação do serviço;

VI – **contribuir para a permanência** das boas condições dos bens públicos através dos quais lhes são prestados os serviços.

1. **Aplicabilidade do Código de Defesa do Consumidor:** Observe atentamente o previsto no "caput" do artigo. Dele podemos extrair uma informação preciosa: a aplicação de forma **subsidiária** do CDC nos casos de omissão ou ineficácia dos dispositivos da Lei 8.987/95.

▶ **STJ**

Firmou entendimento de que o Ministério Público, com base no art. 81 do Código de Defesa do Consumidor, poderá ajuizar ação para proteção dos direitos dos usuários de serviços públicos.

"O Ministério Público tem legitimidade ativa para atuar na defesa de direitos difusos, coletivos e individuais homogêneos dos consumidores, ainda que decorrentes da prestação de serviço público." Súmula 601 STJ

▶ **STJ**

Nos contratos regidos pelo Fundo de Compensação de Variações Salariais (FCVS), entendidos como aqueles em que o saldo devedor é suportado por um fundo público gerido pela Caixa Econômica Federal, incidem as normas de direito administrativo pertinentes, excluídas as normas de direito privado.

"As normas do Código de Defesa do Consumidor são aplicáveis aos contratos do Sistema Financeiro da Habitação, desde que não vinculados ao FCVS e que posteriores à entrada em vigor da Lei 8.078/90." STJ – REsp: 637302 MT 2003/0200051-0, Relator: Ministra ELIANA CALMON, Data de Julgamento: 23/05/2006

Aplicação em concurso:

- *TJ-SP/Juiz de Direito/2015 – VUNESP*

  "A prestação de serviço público diretamente pelo poder público é imune à aplicação do regime de proteção contido no Código de Defesa do Consumidor por caracterizar relação de prestação ao usuário e não relação de consumo."

Gabarito: Afirmativa incorreta. Entendimento firmado pelo STJ, a lei n. 8.987/95 equipara o usuário de serviços prestados por permissionárias e concessionárias de serviço público a consumidor.

- *PGE-PA/Procurador/2015 – UEPA*

  "dentre os direitos e obrigações dos usuários dos serviços públicos prestados em regime de concessão e permissão está o de o usuário receber do poder concedente e da concessionária informações para a defesa de interesses individuais e coletivos."

  Gabarito: Afirmativa correta, apenas reproduzindo um dos incisos do art. 7º da Lei 8.987/95. Fica a dica: Questões sobre esse artigo sempre trarão a cópia da lei em suas opções. Basta conhecimento do texto da lei para não errarmos.

- *MPE-RS/Assessor – Direito/2014 – MPE-RS*

  "Em se tratando de direitos e deveres dos usuários na concessão de serviços públicos, por existir legislação específica (Lei nº 8.987/95), esta é a que rege integralmente a matéria, não cabendo, aqui, a aplicação do Código de Defesa do Consumidor, que se ocupa dos serviços na esfera privada."

  Gabarito: Afirmativa incorreta. A Lei 8.987/95 é uma lei especial, regulamentando diretamente o assunto serviços públicos delegados. Mas isso não afasta a possibilidade, inclusive conforme previsão legal, de utilização de outras normas (no caso, o CDC) para proteção devida dos direitos e determinação dos deveres do usuário.

- *TRF – 1ª REGIÃO/Juiz Federal/2011 – CESPE*

  "Segundo o STJ, nos contratos do Sistema Financeiro da Habitação com cobertura do fundo de compensação de variações salariais, não se aplicam as regras do CDC."

  Gabarito: Afirmativa correta. Só se aplicam as regras do CDC aos contratos não vinculados ao FVCS, conforme entendimento do STJ.

Art. 7º-A As concessionárias de serviços públicos, de **direito público e privado**, nos Estados e no Distrito Federal, são obrigadas a **oferecer ao consumidor e ao usuário**, dentro do mês de vencimento, o **mínimo de seis datas** opcionais para escolherem os dias de vencimento de seus débitos.

1. **Princípio da Isonomia:** Como devemos lembrar, os serviços públicos são regidos pelo princípio da generalidade. Para a garantia de que todos tenham acesso ao serviço quando houver interesse de uso, afastando qualquer condição específica de impossibilidade de utilização do serviço pelo indivíduo, o art. 7º-A foi acrescentado definindo regras sobre oferta de datas de vencimento para o pagamento dos serviços compatíveis.

Aplicação em concurso:

- *DPE-ES/Defensor Público/2016 – FCC*

  "obriga as concessionárias de serviços públicos, de direito público e privado, nos Estados e no Distrito Federal, a oferecer ao consumidor e ao usuário, dentro do mês de vencimento, o mínimo de seis datas opcionais para escolherem os dias de vencimento de seus débitos."

  Gabarito: Afirmativa correta, exato texto da lei.

Art. 8° (VETADO)

Art. 9° A tarifa do serviço público concedido será fixada pelo preço da proposta vencedora da licitação e preservada pelas **regras de revisão previstas nesta Lei, no edital e no contrato**.

§ 1° A tarifa não será subordinada à legislação específica anterior e somente nos casos expressamente previstos em lei, sua cobrança poderá ser condicionada à existência de serviço público alternativo e gratuito para o usuário.

§ 2° Os **contratos poderão prever mecanismos de revisão das tarifas**, a fim de manter-se o **equilíbrio econômico-financeiro.**

§ 3° Ressalvados os impostos sobre a renda, a criação, alteração ou extinção de quaisquer tributos ou encargos legais, após a apresentação da proposta, quando comprovado seu impacto, implicará a revisão da tarifa, para mais ou para menos, conforme o caso.

§ 4º Em havendo alteração unilateral do contrato que afete o seu inicial equilíbrio econômico-financeiro, o poder concedente deverá restabelecê-lo, concomitantemente à alteração.

§ 5º A **concessionária deverá divulgar em seu sítio eletrônico**, de forma clara e de fácil compreensão pelos usuários, **tabela com o valor das tarifas praticadas** e a evolução das revisões ou reajustes realizados nos últimos **cinco anos**.

1. **Revisão de tarifas:** Conforme explicitado pela lei, somente se poderá promover revisão dos valores das tarifas se respeitadas as regras previstas na lei 8.987/95, no contrato firmado e no edital de licitação que iniciou o procedimento de delegação. Qualquer **criação, alteração ou extinção** de **tributos** ou **encargos** ocorridos após a apresentação da proposta poderão implicar em revisão da tarifa (para mais ou para menos, dependendo do caso), desde que se demonstre o impacto direto na prestação do serviço. **Atenção:** O art. 9º em seu §3º exclui o imposto de renda dessa regra.

Aplicação em concurso:

- *TRF – 3ª REGIÃO/Juiz Federal/2018 – TRF – 3ª REGIÃO*

  "Após a apresentação da proposta, é possível realizar-se a revisão da tarifa, para mais ou para menos, caso haja qualquer alteração na legislação tributária – exceto do imposto sobre a renda – quando comprovado o impacto no cálculo do seu valor."

  Gabarito: Afirmativa correta, exato texto da lei. Havendo qualquer modificação nos tributos e encargos que aderem diretamente ao contrato (consequentemente à prestação de serviços) poderá se desencadear uma revisão das tarifas preestabelecidas, exceto nos casos referente ao imposto de renda.

- *TRF – 3ª REGIÃO/Juiz Federal/2018 – TRF – 3ª REGIÃO*

  "É vedada a inclusão no contrato de cláusula de revisão do valor da tarifa, com o objetivo de manter-se o equilíbrio econômico-financeiro."

Gabarito: Afirmativa incorreta, pois as regras de revisão poderão estar previstas na Lei 8.987/95, no edital de licitação ou mesmo nas cláusulas contratuais firmadas.

- *CODEM – PA/Advogado/2017 – AOCP*

  "Os contratos de serviço público não poderão prever mecanismos de revisão das tarifas, cabendo à lei firmar os instrumentos necessários para ser mantido o equilíbrio econômico-financeiro."

  Gabarito: Afirmativa incorreta. Os mecanismos de revisão poderão estar previstos no edital, na lei específica ou nos contratos.

STF

Em respeito ao sistema de autonomia estabelecido pelo art. 18 da CF/88, um ente federativo não poderá através de lei ou ato afetar a relação contratual firmada por outro ente federado. Ex: Um contrato firmado entre União e determinada concessionária não poderá ser alterado ou suspenso por atuação legislativa ou executiva dos Estados-Membros, dos Municípios ou do DF.

"Os Estados-membros – que não podem interferir na esfera das relações jurídico-contratuais estabelecidas entre o poder concedente (quando este for a União Federal ou o Município) e as empresas concessionárias – também não dispõem de competência para modificar ou alterar as condições, que, previstas na licitação, acham-se formalmente estipuladas no contrato de concessão celebrado(...)" STF, ADI 2.337 MC, Rel. Min. Celso de Mello, DJ de 21-6-2002.

Aplicação em concurso:

- *PGM – João Pessoa – PB/Procurador Municipal/2018 – CESPE*

  "Segundo o STF, é inconstitucional lei estadual que autorize a suspensão temporária do pagamento das tarifas de energia a determinada sociedade de economia mista fornecedora do serviço mediante concessão da União."

  Gabarito: Afirmativa correta, como o contrato foi firmado entre União e Pessoa Jurídica (no caso, uma Sociedade de Economia Mista), lei estadual não poderá interferir em sua efetividade, pois afetaria a autonomia da União em suas relações contratuais.

Art. 10. Sempre que forem atendidas as condições do contrato, considera-se mantido seu equilíbrio econômico-financeiro.

1) Aplicação em concurso:

- *SEPLAG-DF/Auditor Fiscal de Atividades Urbanas/2011 – FUNIVERSA*

  "Em relação à política tarifária, sempre que forem atendidas as condições do contrato, considera-se necessária a readequação do seu equilíbrio econômico-financeiro."

  Gabarito: Afirmativa incorreta. Nesse caso, não haverá necessidade de readequação do contrato.

Art. 11. No atendimento às peculiaridades de cada serviço público, **poderá o poder concedente prever**, em favor da concessionária, no **edital de licitação**, a possibilidade de outras **fontes provenientes de receitas alternativas**, complementares, acessórias ou de projetos associados, com ou sem exclusividade, com vistas a favorecer a **modicidade das tarifas**, observado o disposto no art. 17 desta Lei.

Parágrafo único. As fontes de receita previstas neste artigo serão obrigatoriamente consideradas para a aferição do inicial equilíbrio econômico-financeiro do contrato.

1. **Receitas Marginais:** Como forma de se atingir a modicidade das tarifas, possibilitando assim que um maior número de pessoas se tornem usuárias do serviço, o edital de licitação poderá estipular em favor do concessionário fontes alternativas de renda. Podemos dar como exemplo a possibilidade de obtenção de receita decorrente da locação de espaços para instalação de um posto de gasolina às margens de uma rodovia gerida pela concessionária.

Aplicação em concurso:

- *COPEL/Advogado/2015 – NC-UFPR*

  "É dever do poder concedente prever, em favor da concessionária, no edital de licitação, a possibilidade de outras fontes provenientes de receitas alternativas, com vistas a favorecer a modicidade das tarifas."

  *Gabarito: Afirmativa incorreta, a previsão de exploração de fontes alternativas de renda é uma **possibilidade** e não um dever do concedente.*

- *SEFAZ-BA/Auditor Fiscal/2014 – FUNCAB*

  "No atendimento às peculiaridades de cada serviço público, jamais o poder concedente poderá prever, em favor da concessionária, no edital de licitação, a possibilidade de outras fontes provenientes de receitas alternativas."

  Gabarito: Afirmativa incorreta, pois confronta a possibilidade legal prevista.

2. **Equilíbrio Econômico-Financeiro:** No estabelecimento do equilíbrio econômico-financeiro do contrato TODAS as fontes alternativas devidamente autorizadas e exploradas pela concessionário deverão obrigatoriamente ser consideradas.

Aplicação em concurso:

- *SEAD-AP/Analista Jurídico/2018 – FCC*

  "A previsão da possibilidade de concessionária de serviços públicos explorar outras receitas durante a execução de contrato de concessão comum ou de concessão patrocinada

  A) configura mecanismo preferencial ao reequilíbrio econômico-financeiro, de forma que este só pode ser exigido se atingido o potencial máximo de exploração de receitas alternativas ou acessórias."

  *Gabarito: Afirmativa incorreta, a exploração de fontes alternativas configura mecanismo **obrigatório** ao reequilíbrio econômico-financeiro do contrato.*

- *SEFAZ-SC/Auditor Fiscal da Receita Estadual/2018 – FCC*

  "Um município que pretenda contratar uma concessão de serviço de transporte de ônibus regida pela Lei n. 8.987/1995, pode incluir, na modelagem do projeto, que

  A) a prestação dos serviços pelo privado também poderá ser remunerada por meio de exploração de outras receitas, alternativas ou acessórias, sem prejuízo do pagamento de tarifa diretamente pelos usuários do transporte"

  Gabarito: Afirmativa correta, a exploração de fontes alternativas de renda será utilizada como ***complemento*** *da remuneração cobrada do usuário, como forma de atingir a modicidade das tarifas.*

3. **Aspectos das Receitas Marginais:** Importante ressaltar que a possibilidade de exploração de fontes alternativas não só configura um instrumento de redução de tarifas mas também de **viabilização** da continuidade da prestação de serviço, nos casos em que o custeio apenas através de tarifas demandar valores tarifários elevados, impossibilitando a utilização ampla do serviço, afastando assim a generalidade do serviço.

Aplicação em concurso:

- *SEAD-AP/Analista Jurídico/2018 – FCC*

  "A previsão da possibilidade de concessionária de serviços públicos explorar outras receitas durante a execução de contrato de concessão comum ou de concessão patrocinada

  A) configura mecanismo preferencial ao reequilíbrio econômico-financeiro, de forma que este só pode ser exigido se atingido o potencial máximo de exploração de receitas alternativas ou acessórias."

Art. 12. (VETADO)

Art. 13. As **tarifas poderão ser diferenciadas** em função das características **técnicas** e dos **custos específicos** provenientes do atendimento aos distintos segmentos de usuários.

1. **Tarifas Sociais:** Considerando usuário de menor poder aquisitivo poderá o concessionário instituir tarifas diferenciadas, garantindo assim acesso amplo ao serviço. Esse é um dos exemplos de ações permitidas pelo art. 13 da Lei 8.987/95.

▶ **STJ**

Entende como válida a utilização de tarifa progressiva na cobrança do serviço de água com base nas faixas de consumo, de modo a pagar menos pelo serviço o consumidor com menos gastos.

"É legítima a cobrança da tarifa de água fixada de acordo com as categorias de usuários e as faixas de consumo." Súmula 407 – STJ

Aplicação em concurso:

- *TRF – 3ª REGIÃO/Juiz Federal/2018 – TRF – 3ª REGIÃO*

  "É vedada a cobrança de tarifas diferenciadas em função da existência de custos específicos para o atendimento de diferentes segmentos de usuários."

  Gabarito: Afirmativa incorreta. Como vimos, a possibilidade de estabelecimento de tarifas distintas por questões técnicas ou ou atendimento a diferentes segmentos de usuários é legítima.

- *TRT – 1ª REGIÃO/Analista Judiciário – Área Judiciária/2018 – AOCP*

  "As tarifas não poderão ser diferenciadas em função das características técnicas e dos custos específicos provenientes do atendimento aos distintos segmentos de usuários."

  Gabarito: Afirmativa incorreta. A diferenciação de tarifas é legalmente prevista.

Art. 14. Toda concessão de serviço público, precedida ou não da execução de obra pública, será objeto de **prévia licitação**, nos termos da legislação própria e com observância dos **princípios da legalidade, moralidade, publicidade, igualdade, do julgamento por critérios objetivos e da vinculação ao instrumento convocatório.**

1. **Princípios da Licitação:** Delegação de serviços públicos dependerá de prévia licitação, desde que não se enquadre em situações específicas de dispensa ou inexigibilidade da Lei 8.666/93. Por isso, e por ser um procedimento com legislação específica, aplicam-se aos processos de delegação os princípios da licitação, a seguir explicados:

Legalidade	O procedimento licitatório para delegação deverá seguir todas as etapas e formalidade previstas na legislação específica (Lei 8.666/93)
Moralidade	A delegação deve ser feita dentro da lei e para atendimento do interesse público, sem espaço para atuações de interesse privado ou que se afastem da atuação moral esperada de um agente público.
Publicidade	O procedimento de licitação deverá respeitar um intervalo mínimo entre a publicação do edital de licitação e a data para apresentação de documentos e propostas, tornando assim possível a participação do maior número de interessados.
Igualdade	Os critérios estabelecidos para o procedimento licitatório não podem criar situação de direcionamento ou afastamento injustificado de interessados na participação da licitação.
Julgamento Objetivo	O edital de licitação deverá informar o tipo de licitação (menor preço, melhor técnica, etc...) a ser utilizado no momento do julgamento das propostas, afastando assim subjetividade na análise dos licitantes.
Vinculação ao Instrumento Convocatório	Todo o procedimento licitatório deverá seguir os requisitos e as regras previstas no instrumento convocatório, no caso, o edital de licitação. Assim, não se poderá estabelecer etapas ou requisitos diversos daqueles constantes no edital publicado.

Aplicação em concurso:

- *Câmara de Tatuí – SP/Procurador Legislativo/2019 – VUNESP*

  "Toda concessão de serviço público, precedida ou não da execução de obra pública, será objeto de prévia licitação."

  Gabarito: Afirmativa correta. Concessão de serviço público, independente da forma a ser consolidada, sempre dependerá de prévia licitação na modalidade concorrência.

- *TCM-BA/Auditor de Controle Externo/2018 – CESPE*

  "A concessão de serviço público

  A) deve ser precedida de licitação, não lhe sendo aplicáveis as hipóteses de dispensa previstas na lei de licitações."

  Gabarito: Afirmativa incorreta. Todo o procedimento de licitação para concessão ou permissão de serviços públicos deverá seguir as regras estabelecidas pela lei específica, inclusive para casos de dispensa ou inexigibilidade de licitação.

Art. 15. No julgamento da licitação **será considerado** um dos seguintes critérios:

I – o **menor valor** da tarifa do serviço público a ser prestado;

II – a **maior oferta**, nos casos de pagamento ao poder concedente pela outorga da concessão;

III – a **combinação, dois a dois,** dos critérios referidos nos incisos **I, II e VII**;

IV – **melhor proposta técnica**, com preço fixado no edital;

V – **melhor proposta** em razão da combinação dos critérios de **menor valor da tarifa** do serviço público a ser prestado com o de **melhor técnica**;

VI – **melhor proposta** em razão da combinação dos critérios de **maior oferta** pela outorga da concessão com o de **melhor técnica**; ou

VII – **melhor oferta de pagamento** pela outorga após qualificação de propostas técnicas.

§ 1° A aplicação do critério previsto no inciso III só será admitida quando previamente estabelecida no edital de licitação, inclusive com regras e fórmulas precisas para avaliação econômico-financeira.

§ 2° Para fins de aplicação do disposto nos incisos IV, V, VI e VII, o edital de licitação conterá parâmetros e exigências para formulação de propostas técnicas.

§ 3° O poder concedente **recusará propostas manifestamente inexequíveis ou financeiramente incompatíveis** com os objetivos da licitação.

§ 4° Em **igualdade de condições,** será dada preferência à proposta apresentada por **empresa brasileira.**

1. **Rol Taxativo:** O rol de critérios a serem adotados como base para análise das propostas dos licitantes apresentado na Lei 8.987/95 é **taxativo**, ou seja, não se poderão acrescentar ou criar novos critérios, permitindo-se a utilização apenas daqueles devidamente expressos na lei.

Aplicação em concurso:

- *Câmara de Tatuí – SP/Procurador Legislativo/2019 – VUNESP*

  "É vedada a utilização de critério do valor da tarifa do serviço público a ser prestado como base para julgamento da licitação."

  Gabarito: Afirmativa incorreta. Menor valor de tarifa é um dos critérios permitidos pela Lei a serem adotados na análise das propostas dos licitantes.

- *TJ-SC/Juiz de Direito Substituto/2019 – CESPE*

  "o julgamento da licitação deverá ser feito exclusivamente de acordo com o critério do menor valor da tarifa do serviço público a ser prestado."

  Gabarito: Afirmativa incorreta. Exclusivamente não, visto que a legislação oferece diversos critérios a serem adotadas para julgamento das propostas durante a licitação.

- *TCE-PB/Auditor de Contas Públicas/2018 – CESPE*

  "Na concessão, o julgamento da licitação pode ser feito com base na melhor proposta técnica, a partir de um preço fixado pelo edital."

  Gabarito: Afirmativa correta. O artigo 15 da Lei 8.987/95 apresenta um rol de tipos de licitação que podem ser adotados como critérios de julgamento das propostas apresentadas.

2. **Recusa de Ofício de Propostas:** Conforme determina o §3º do artigo 15, caso seja identificado que determinada proposta apresenta parâmetros inviáveis ou impossíveis de serem concretizados, o poder concedente irá de plano recusar a proposta e deverá prosseguir com a análise das demais propostas apresentadas. Exemplos: Propostas com prazos impossíveis de serem cumpridos, tarifas e valores de contrato insuficientes para manutenção do equilíbrio econômico-financeiro do contrato.

Aplicação em concurso:

- *Câmara de Tatuí – SP/Procurador Legislativo/2019 – VUNESP*

  "Em igualdade de condições, será dada preferência à proposta apresentada por entidade beneficente ou microempresa."

  Gabarito: Afirmativa incorreta. No caso de igualdade nas propostas apresentadas a preferência será dada aquela feita por empresa brasileira. Esse dispositivo atende ao Princípio do Desenvolvimento Nacional Sustentável instituída pela Lei de Licitações e Contratos, a Lei 8.666/93.

- *AGERBA/Técnico em Regulação/2017 – IBFC*

  "O poder concedente não poderá recusar propostas sob alegação de serem manifestamente inexequíveis ou financeiramente incompatíveis com os objetivos da licitação."

  Gabarito: Afirmativa incorreta. Caso o poder concedente identifique inviabilidade técnica, lógica ou contratual na proposta apresentada pelo licitante, poderá proceder a recusa imediata.

Art. 16. A outorga de concessão ou permissão **não terá caráter de exclusividade**, salvo no caso de inviabilidade técnica ou econômica justificada no ato a que se refere o art. 5º desta Lei.

1. **Coexistência do Serviço:** O fato de se delegar determinado serviço público não faz com que o Poder Público tenha que se afastar da mesma prestação como garantia de exclusividade de exploração pelo agente delegado. O artigo apresentado deixa claro que, mesmo após a outorga da concessão ou da permissão de serviços públicos, o poder concedente poderá oferecer simultaneamente a opção do serviço por ele prestado. Seria o caso, por exemplo, do transporte coletivo de passageiros sendo desempenhado ao mesmo tempo pelo Poder Público e por motoristas particulares de aplicativos.

▶ **STF**

Uma das competências constitucionais instituídas ao Município é a de realizar o ordenamento urbano, ou seja, por meio de leis ou atos normativos, podem organizar o uso e ocupação do solo. Contudo, tal competência não pode violar direitos e garantias constitucionais, como da livre concorrência, conforme entendimento sumulado.

"Ofende o princípio da livre concorrência lei municipal que impede a instalação de estabelecimentos comerciais do mesmo ramo em determinada área" – Súmula Vinculante n. 49

Aplicação em concurso:

- *Câmara de Tatuí – SP/Procurador Legislativo/2019 – VUNESP*

  "A outorga de concessão ou permissão terá, como regra geral, o caráter de exclusividade."

  Gabarito: Afirmativa incorreta. A outorga de concessão ou permissão em caráter de exclusividade é uma excepcionalidade tratada pela lei, e não uma regra geral.

- *Prefeitura de Penalva – MA/Procurador Municipal/2017 – IMA*

  "A concessão de serviço público, em regra, terá caráter de exclusividade. "

  Gabarito: Afirmativa incorreta. O caráter de exclusividade de concessão ou permissão de serviços públicos só se dará em excepcional situação de inviabilidade técnica ou econômica justificada.

2. **Teoria da Infraestrutura Essencial:** Essa teoria se aplica como forma de combater a prática anticoncorrencial em mercados de extrema concentração econômica. A teoria consiste na obrigação da empresa controladora da infraestrutura essencial (linhas férreas, rodovias, instalação elétrica) em compartilhar tais estruturas com os demais concorrentes, mediante pagamento previamente ajustado pelo uso da infraestrutura, permitindo assim a entrada de novos participantes no mercado de serviços.

Aplicação em concurso:

- *MPDFT/Promotor de Justiça/2015 – MPDFT*

  "Pela aplicação da teoria da infraestrutura essencial (essential facilities doctrine), permite-se a relativização da liberdade empresarial do concessionário de serviço público ao se exigir justificativa razoável para recusar a contratação com concorrentes, mesmo na hipótese de outorga com exclusividade."

  Gabarito: Alternativa correta. Mesmo que a outorga se dê com caráter de exclusividade, a negativa pelo controlador do serviço do compartilhamento de sua infraestrutura essencial deverá ser devidamente justificada, sob risco de identificação de prática anticoncorrencial.

Art. 17. Considerar-se-á **desclassificada** a proposta que, para sua viabilização, necessite de **vantagens ou subsídios** que não estejam **previamente autorizados em lei** e à **disposição de todos os concorrentes**.

§ 1° Considerar-se-á, também, desclassificada a proposta de entidade estatal alheia à esfera político-administrativa do poder concedente que, para sua viabilização, necessite de vantagens ou subsídios do poder público controlador da referida entidade. § 2° Inclui-se nas vantagens ou subsídios de que trata este artigo, qualquer tipo de tratamento tributário diferenciado, ainda que em consequência da natureza jurídica do licitante, que comprometa a isonomia fiscal que deve prevalecer entre todos os concorrentes.

1. **Princípio da Isonomia:** A intenção do legislador com esse dispositivo foi de vedar o favorecimento pelo Poder Público de determinado concorrente com a concessão de benefícios ou vantagens exclusivas, tornando assim sua proposta mais vantajosa em relação aos outros concorrentes. Não há vedação na simples oferta de subsídios, desde que exista previsão legal para tal e que essa oferta seja feita a **todos os concorrentes** da licitação.

Aplicação em concurso:

- *TCE-ES/Procurador Especial de Contas/2009 – CESPE*

  "Suponha que determinada empresa, pretendendo participar de uma licitação para firmar contrato de concessão de serviço público, tenha, na fase da apresentação das propostas, arrolado alguns subsídios específicos que possui, razão pela qual foi a que apresentou menor tarifa. Nessa situação, por esse motivo, não haverá qualquer impedimento à assinatura do contrato de concessão, já que o valor da tarifa foi o menor."

  Gabarito: Afirmativa incorreta. No caso do benefício ou vantagem específico que não seja estendido a todos os concorrentes ser a base para a apresentação da melhor proposta no processo licitatório, tal proposta deverá ser rejeitada e a proponente considerada desclassificada do certame licitatório.

- *BACEN/Procurador/2009 – CESPE*

  "Se uma empresa apresentar-se como licitante para firmar contrato de concessão e, na fixação da tarifa apresentada como proposta, estiverem incluídos subsídios específicos que a empresa possua, não disponíveis para os demais licitantes, nesse caso, a proposta deverá ser analisada."

  Gabarito: Afirmativa incorreta. Nesse caso, haverá desclassificação.

Art. 18. O **edital de licitação** será elaborado pelo poder concedente, observados, no que couber, os critérios e as normas gerais da legislação própria sobre licitações e contratos e conterá, **especialmente**:

I – o **objeto, metas e prazo** da concessão;

II – a **descrição das condições necessárias** à prestação adequada do serviço;

III – os **prazos** para recebimento das **propostas**, julgamento da licitação e assinatura do contrato;

IV – **prazo, local e horário** em que serão fornecidos, aos interessados, os dados, estudos e projetos necessários à elaboração dos orçamentos e apresentação das propostas;

V – os **critérios e a relação dos documentos exigidos** para a aferição da capacidade técnica, da idoneidade financeira e da regularidade jurídica e fiscal;

VI – as **possíveis fontes de receitas alternativas, complementares ou acessórias**, bem como as provenientes de projetos associados;

VII – os direitos e obrigações do poder concedente e da concessionária em relação a **alterações e expansões a serem realizadas no futuro**, para garantir a continuidade da prestação do serviço;

VIII – os **critérios de reajuste e revisão da tarifa**;

IX – os critérios, indicadores, fórmulas e parâmetros a serem utilizados no julgamento técnico e econômico-financeiro da proposta;

X – a **indicação** dos bens **reversíveis**;

XI – as características dos bens reversíveis e as condições em que estes serão postos à disposição, nos casos em que houver sido extinta a concessão anterior;

XII – a **expressa indicação** do responsável pelo ônus das **desapropriações necessárias** à execução do serviço ou da obra pública, ou para a instituição de servidão administrativa;

XIII – as condições de liderança da empresa responsável, na hipótese em que for permitida a participação de empresas em consórcio;

XIV – nos casos de concessão, a minuta do respectivo contrato, que conterá as cláusulas essenciais referidas no art. 23 desta Lei, quando aplicáveis;

XV – nos casos de concessão de serviços públicos precedida da execução de obra pública, os dados relativos à obra, dentre os quais os elementos do projeto básico que permitam sua plena caracterização, bem assim as garantias exigidas para essa parte específica do contrato, adequadas a cada caso e limitadas ao valor da obra;

XVI – nos casos de permissão, os termos do contrato de adesão a ser firmado.

1. **Requisitos Obrigatórios:** O instrumento convocatório do certame licitatório deverá seguir as exigências constantes no artigo 18 da Lei 8.987/95, sob pena de anulação ou revogação do edital.

Aplicação em concurso:

- *Prefeitura de Nova Lima – MG/Procurador Municipal/2011 – FUMARC*

  "São cláusulas essenciais do contrato de concessão em geral as relativas: ao preço do serviço e aos critérios e procedimentos para o reajuste e a revisão das tarifas; aos direitos, garantias e obrigações do poder concedente e da concessionária, inclusive os relacionados às previsíveis necessidades de futura alteração e expansão do serviço e consequente modernização, aperfeiçoamento e ampliação dos equipamentos e das instalações; à estipulação dos cronogramas físico-financeiros de execução das obras vinculadas à concessão; e à exigência garantia do fiel cumprimento, pela concessionária, das obrigações relativas às obras vinculadas à concessão."

  Gabarito: Afirmativa incorreta. Observe que nesse tipo de questão, grande e cansativa, a banca buscará seu conhecimento literal da lei. Portante, leia com atenção e identifique os requisitos necessários, faça uma interpretação lógica da afirmativa. Não há necessidade de se estipular uma cláusula de garantia do fiel cumprimento do contrato, visto ser uma condição implícita na relação estabelecida.

Art. 18-A. O edital **poderá prever a inversão da ordem das fases de habilitação e julgamento**, hipótese em que:

I – encerrada a fase de classificação das propostas ou o oferecimento de lances, será aberto o invólucro com os documentos de habilitação do licitante mais bem classificado, para verificação do atendimento das condições fixadas no edital;

II – verificado o atendimento das exigências do edital, o licitante será declarado vencedor;

III – inabilitado o licitante melhor classificado, serão analisados os documentos habilitatórios do licitante com a proposta classificada em segundo lugar, e assim sucessivamente, até que um licitante classificado atenda às condições fixadas no edital;

IV – proclamado o resultado final do certame, o objeto será adjudicado ao vencedor nas condições técnicas e econômicas por ele ofertadas.

1. **Inversão das Fases da Licitação:** Trata-se de regra de aplicação facultativa, exigindo-se expressa previsão no instrumento convocatório. Numa licitação comum, deve-se primeiro habilitar **todos** os interessados, verificando documentação e atendimento de cada um aos requisitos mínimos de participação no processo licitatório, para após ser feita a análise de cada proposta dos licitantes habilitados. Com a inversão das fases de habilitação e julgamento, só serão analisados os documentos de habilitação do licitante com a melhor proposta, resultando em um procedimento mais célere e menos oneroso para a Administração Pública.

Aplicação em concurso:

- *Câmara de Tatuí – SP/Procurador Legislativo/2019 – VUNESP*

  "É vedado ao poder concedente prever no edital a inversão da ordem das fases de habilitação e julgamento."

  Gabarito: Afirmativa incorreta. A inversão das fases de habilitação e julgamento do procedimento licitatório para concessão ou permissão de serviços públicos é uma faculdade legalmente prevista.

- *SEGEP-MA/Procurador do Estado/2016 – FCC*

  "O regime jurídico da prestação de serviços públicos, estatuído pela Lei nº 8.987/95 e legislação correlata, impõe a

  A) inversão da ordem das fases de habilitação e julgamento, no procedimento da concorrência para escolha da concessionária de serviço público."

  Gabarito: Afirmativa incorreta. Observe que no enunciado foi utilizado o termo "impõe". A inversão das fases é uma possibilidade, e não uma obrigação.

- *COREN-SP/Advogado/2013 – VUNESP*

  "A lei permite que haja, no processo licitatório de concessão de serviço público, inversão na ordem das fases de habilitação e julgamento."

  Gabarito: Afirmativa correta. Existe a possibilidade legalmente prevista da ocorrência da inversão das fases de habilitação e julgamento do procedimento licitatório.

Art. 19. Quando permitida, na licitação, a participação de empresas em consórcio, observar-se-ão as seguintes normas:

I – comprovação de **compromisso**, público ou particular, de constituição de consórcio, subscrito pelas consorciadas;

II – indicação da **empresa responsável** pelo consórcio;

III – apresentação dos documentos exigidos nos incisos V e XIII do artigo anterior, por parte de **cada consorciada**;

IV – impedimento de participação de empresas consorciadas na mesma licitação, por intermédio de mais de um consórcio ou isoladamente.

§ 1° O licitante vencedor fica obrigado a promover, **antes da celebração do contrato**, a constituição e registro do consórcio, nos termos do compromisso referido no inciso I deste artigo.

§ 2° A empresa líder do consórcio é a responsável perante o poder concedente pelo cumprimento do contrato de concessão, sem prejuízo da **responsabilidade solidária** das demais consorciadas.

1. **Formação de Consórcios:** A Lei 8.987/95 determina que, para casos de licitação para **concessão** de serviço público, poderá participar do certame um consórcio de empresas. Com isso, se fez importante a definição de algumas regras específicas para que essa participação não ofenda ao princípio da igualdade. Não há necessidade de constituição e registro do consórcio para participação do processo licitatório, basta a apresentação de um compromisso subscrito pelas consorciadas. Caso o consórcio seja declarado vencedor, será exigida a constituição e registro do consórcio como requisito para celebração do contrato.

Aplicação em concurso:

- *IF-PA/Assistente em Administração/2019 – IF-PA*

  "a concessão somente é celebrada com Pessoas Jurídicas ou com consórcios de empresas."

  Gabarito: Afirmativa correta. Concessão não poderá ser firmada com pessoa física, assim como permissão não poderá ser outorgada a um consórcio de empresas.

2. **Responsabilidade Solidária:** As empresas consorciadas deverão indicar uma empresa como representante do consórcio, que será responsável pelo cumprimento do contrato firmado. Apesar de uma empresa ser a líder do consórcio, as outras empresas consorciadas deverão responder **solidariamente** em eventuais prejuízos ou danos decorrentes do desrespeito contratual.

Aplicação em concurso:

- *PGR/Procurador da República/2013 – PGR*

  "Havendo previsão de participação de empresas em consórcio na licitação referente à concessão de serviço público, a responsabilidade da empresa líder do consórcio perante o poder concedente exclui a responsabilidade das demais consorciadas."

  Gabarito: Afirmativa incorreta. Apesar da indicação de uma empresa como representante do consórcio (líder), a responsabilidade das demais consorciadas será mantida, na modalidade solidária.

Art. 20. É **facultado** ao poder concedente, desde que previsto no edital, no interesse do serviço a ser concedido, **determinar** que o licitante **vencedor**, no caso de consórcio, se **constitua em empresa antes** da celebração do contrato.

1. **Conversão do Consórcio em Empresa:** Como regra, após a declaração do vencedor da licitação, se for um consórcio, este deverá promover a constituição e o registro do consórcio como requisito para celebração do contrato. Facultativamente, o poder concedente poderá exigir do consórcio vencedor, além da constituição e registro, a conversão do consórcio em empresa como requisito para celebração do contrato. Essa exigência deve estar expressa no edital de licitação.

Aplicação em concurso:

- *IPM-SP/Agente Administrativo/2018 – INSTITUTO AOCP*

  "No caso de consórcio, é vedado ao poder concedente determinar que o licitante vencedor se constitua em empresa antes da celebração do contrato."

  Gabarito: Afirmativa incorreta. Existe a previsão legal de o poder concedente (facultativamente) estabelecer em previsão editalícia a necessidade de constituição de empresa resultante do consórcio como requisito para celebração do contrato.

- *Prefeitura de Maringá – PR/Procurador/2015 – PUC-PR*

  "É obrigatória a conversão de consórcios em empresa para fins de assinatura do contrato de concessão disciplinada pela Lei n.º 8.987/1995."

  Gabarito: Afirmativa incorreta. A obrigatoriedade prevista na legislação é a de promover a constituição e registro do consórcio, conforme compromisso firmado entre os consorciados. A conversão do consórcio em uma empresa é uma faculdade do poder concedente.

Art. 21. Os estudos, investigações, levantamentos, projetos, obras e despesas ou investimentos já efetuados, vinculados à concessão, de utilidade para a licitação, realizados pelo poder concedente ou com a sua autorização, estarão à disposição dos interessados, devendo o **vencedor da licitação ressarcir** os dispêndios correspondentes, especificados no edital.

Art. 22. É assegurada a **qualquer pessoa** a obtenção de certidão sobre atos, contratos, decisões ou pareceres relativos à licitação ou às próprias concessões.

► **Importante**: Os artigos 21 e 22 da Lei 8.987/95 possuem incidência mínima (quase zero) em questões de concurso. Mas vale fazermos algumas observações:

✓ Caso sejam cobrados em um concurso, a tendência **GRANDE** é que os dispositivos sejam cobrados com a simples reprodução do texto da lei;

✓ O artigo 21 determina que, em caso de procedimento licitatório em que as informações essenciais ou estruturação básica tenham sido identificadas ou realizadas por ação do poder concedente (diretamente ou através de sua autorização), o vencedor do certame ficará obrigado a ressarcir esses os valores conforme exibidos no edital;

✓ O artigo 22 consagra o **direito de petição** em seara de delegação de serviços públicos.

Art. 23. São **cláusulas essenciais do contrato** de concessão as relativas:

I - ao **objeto, à área e ao prazo** da concessão;

II - ao **modo, forma e condições** de prestação do serviço;

III - aos **critérios, indicadores, fórmulas e parâmetros** definidores da qualidade do serviço;

IV - ao **preço do serviço e aos critérios e procedimentos** para o **reajuste** e a **revisão** das tarifas;

V - aos direitos, garantias e obrigações do poder concedente e da concessionária, inclusive os relacionados às previsíveis necessidades de futura alteração e expansão do serviço e conseqüente modernização, aperfeiçoamento e ampliação dos equipamentos e das instalações;

VI - aos direitos e deveres dos usuários para obtenção e utilização do serviço;

VII - à forma de fiscalização das instalações, dos equipamentos, dos métodos e práticas de execução do serviço, bem como a indicação dos órgãos competentes para exercê-la;

VIII - às **penalidades contratuais e administrativas** a que se sujeita a concessionária e sua forma de aplicação;

IX - aos **casos de extinção da concessão**;

X - aos **bens reversíveis**;

XI - aos critérios para o cálculo e a forma de pagamento das indenizações devidas à concessionária, quando for o caso;

XII - às **condições para prorrogação** do contrato;

XIII - à obrigatoriedade, forma e periodicidade da prestação de contas da concessionária ao poder concedente;

XIV - à exigência da publicação de demonstrações financeiras periódicas da concessionária; e

XV - ao foro e ao modo amigável de solução das divergências contratuais.

Parágrafo único. Os contratos relativos à concessão de serviço público precedido da **execução de obra pública** deverão, **adicionalmente**:

I - estipular os cronogramas físico-financeiros de execução das obras vinculadas à concessão; e

II - **exigir garantia** do fiel cumprimento, pela concessionária, das obrigações relativas às obras vinculadas à concessão.

1. **Art. 18 x Art. 23:** Cuidado no momento de seu estudo para não confundir a intenção dos dispositivos destacados. No art. 18, estudado anteriormente, vimos os **requisitos essenciais** para produção do edital da licitação. No art. 23, em análise nesse tópico, determina as **cláusulas essenciais** do contrato de concessão. Questões sobre os dois artigos exigem conhecimento do texto da lei.

2. **Lei 11.079/2004 (PPP):** Na legislação específica sobre as PPPs identificamos algumas cláusulas essenciais adicionais, além das previstas no art. 23 em estudo. Observe:

> "Art. 5° lei 11.079/2004 – As cláusulas dos contratos de parceria público-privada atenderão ao disposto no art. 23 da Lei n. 8.987, de 13 de fevereiro de 1995, no que couber, devendo também prever:
>
> I – o prazo de vigência do contrato, compatível com a amortização dos investimentos realizados, não inferior a 5 (cinco), nem superior a 35 (trinta e cinco) anos, incluindo eventual prorrogação;
>
> II – as penalidades aplicáveis à Administração Pública e ao parceiro privado em caso de inadimplemento contratual, fixadas sempre de forma proporcional à gravidade da falta cometida, e às obrigações assumidas;
>
> III – a repartição de riscos entre as partes, inclusive os referentes a caso fortuito, força maior, fato do príncipe e álea econômica extraordinária;
>
> IV – as formas de remuneração e de atualização dos valores contratuais;
>
> V – os mecanismos para a preservação da atualidade da prestação dos serviços;
>
> VI – os fatos que caracterizem a inadimplência pecuniária do parceiro público, os modos e o prazo de regularização e, quando houver, a forma de acionamento da garantia;
>
> VII – os critérios objetivos de avaliação do desempenho do parceiro privado;
>
> VIII – a prestação, pelo parceiro privado, de garantias de execução suficientes e compatíveis com os ônus e riscos envolvidos, observados os limites dos §§ 3º e 5º do art. 56 da Lei n. 8.666, de 21 de junho de 1993, e, no que se refere às concessões patrocinadas, o disposto no inciso XV do art. 18 da Lei n. 8.987, de 13 de fevereiro de 1995;
>
> IX – o compartilhamento com a Administração Pública de ganhos econômicos efetivos do parceiro privado

decorrentes da redução do risco de crédito dos financiamentos utilizados pelo parceiro privado;

X – a realização de vistoria dos bens reversíveis, podendo o parceiro público reter os pagamentos ao parceiro privado, no valor necessário para reparar as irregularidades eventualmente detectadas.

XI – o cronograma e os marcos para o repasse ao parceiro privado das parcelas do aporte de recursos, na fase de investimentos do projeto e/ou após a disponibilização dos serviços, sempre que verificada a hipótese do § 2° do art. 6° desta Lei."

Aplicação em concurso:

- *TJ-MG/Titular de Serviços de Notas e de Registros/2017 – CONSULPLAN*

  "A Parceria Público Privada – PPP – é uma das principais ferramentas utilizadas pelo Governo para a realização de investimentos na área de infraestrutura. Por meio de uma PPP, a União, os Estados ou Municípios podem escolher e contratar empresas privadas, as quais serão responsáveis pela prestação de serviços de interesse público por prazo estabelecido. As cláusulas dos contratos de Parceria Público-Privada atenderão ao disposto no art. 23 da Lei n° 8.987, de 13 de fevereiro de 1995, no que couber, devendo também prever

  A) as penalidades aplicáveis à Administração Pública e ao parceiro privado em caso de inadimplemento contratual, fixadas sempre de forma proporcional à gravidade da falta cometida, e às obrigações assumidas.

  B) o prazo de vigência do contrato, compatível com a amortização dos investimentos realizados, não inferior a 10 (dez), nem superior a 30 (trinta) anos, incluída eventual prorrogação.

  C) os critérios intrínsecos e subjetivos de avaliação do desempenho do parceiro privado.

  D) a vedação de realização de vistoria nos bens reversíveis, bem como o cronograma para o repasse ao parceiro privado das parcelas do aporte de recursos, cujo termo inicial será a disponibilização dos serviços."

Gabarito: Letra A. Observe que as alternativas corretas trouxeram pequenas alterações ao texto.

Alternativa "b" com prazo não inferior a 10 anos, quando o correto seria 5 anos e prazo não superior a 30 anos, quando o correto seria 35 anos.

Alternativa "c" fala de critérios subjetivos, quando o correto seria a utilização de critérios objetivos.

Alternativa "d" trata de uma vedação ao procedimento de vistoria, quando na realidade esse procedimento é necessário.

- *TJ-MA/Titular de Serviços de Notas e de Registros/2016 – IESES*

  "São cláusulas essenciais do contrato de permissão dos serviços públicos, dentre outras, as relativas ao objeto, à área e ao prazo da permissão, ao modo, forma e condições de prestação do serviço, aos critérios, indicadores, fórmulas e parâmetros definidores da qualidade do serviço, ao preço do serviço e aos critérios e procedimentos para o reajuste e a revisão das tarifas e aos direitos, garantias e obrigações do poder permissionário e da permissionária, inclusive os relacionados às previsíveis necessidades de futura alteração e expansão do serviço e consequente modernização, aperfeiçoamento e ampliação dos equipamentos e das instalações."

  Gabarito: Afirmativa incorreta. Apesar das cláusulas propostas estarem corretas, a questão afirma serem cláusulas do contrato de permissão, quando na verdade se tratam de cláusulas do contrato de concessão. Além disso, trocam poder concedente por poder permissionário e concessionária por permissionária. Fica a dica: Apesar da lei 8.987/95 tratar de concessão e permissão de serviços, quase todos os dispositivos tratam apenas da concessão do serviço, sendo a permissão prevista em momentos específicos que deixarem muito claros para você na continuação de nosso trabalho.

Art. 23-A. O contrato de concessão **poderá prever** o emprego de **mecanismos privados** para resolução de **disputas** decorrentes ou relacionadas ao contrato, **inclusive a arbitragem**, a ser realizada no Brasil e em língua portuguesa, nos termos da Lei nº 9.307, de 23 de setembro de 1996.

1. **Arbitragem como Mecanismo de Resolução de Conflitos Contratuais**: O art. 23-A deixa claro que o contrato de concessão poderá ter seus conflitos resolvidos através de mecanismos privados legítimos, dando maior importância ao mecanismo da arbitragem. Para que esse mecanismo seja válido, é necessária a previsão contratual de sua utilização, através da inclusão da "cláusula compromissória". A arbitragem determina a escolha de um terceiro não interessado e imparcial quanto à causa do conflito, que receberá o poder de resolver de forma definitiva (irrecorrível) o conflito específico.

2. **Objetivo do art. 23-A:** A inclusão do art. 23-A na Lei 8.987/95 teve por escopo oferecer ao investidor privado uma garantia da possibilidade de utilização de meios mais céleres, não judiciais, para resolução de eventual conflito patrimonial decorrente do contrato de concessão.

3. **Arbitrabilidade:** Define-se como o conjunto de condições objetivas ou subjetivas que permitem a utilização da arbitragem como forma de resolução do conflito, sendo as condições objetivas relativas à matéria ou ao direito objeto da lide e as condições subjetivas relativas a quem poderá participar, as partes legitimadas a atuar na arbitragem. A Lei 13.129/2005, que modificou a Lei de Arbitragem, – Lei 9.307/96, determinou de forma expressa a possibilidade de utilização da arbitragem nas questões concernentes aos contratos administrativos com base somente em critérios objetivos, ou seja, basta a parte ser legitimada para que se possa utilizar o mecanismo da arbitragem.

   > "Art. 1º As pessoas capazes de contratar poderão valer-se da arbitragem para dirimir litígios relativos a direitos patrimoniais disponíveis.
   >
   > § 1° **A administração pública direta e indireta** poderá utilizar-se da arbitragem para dirimir conflitos relativos a direitos patrimoniais disponíveis."

4. **Direitos Patrimoniais Disponíveis**: A utilização dos mecanismos privados de solução de disputas prevista no art. 23-A só poderá ocorrer para solução de conflitos relacionados aos

chamados direitos patrimoniais disponíveis. Entende-se por direitos patrimoniais disponíveis todos aqueles que podem ser gozados, usados e dispostos livremente pelas partes. Em Direito Público, entendemos serem disponíveis todos os direitos patrimoniais do Estado, mas **nunca** o interesse público. Como exemplo podemos destacar a previsão do equilíbrio econômico-financeiro do contrato como forma de manutenção do contrato de concessão ou permissão firmado.

Aplicação em concurso:

- *TRF – 3ª REGIÃO/Juiz Federal/2018 – TRF – 3ª REGIÃO*

  "O contrato de concessão de serviço público não pode prever a arbitragem como mecanismo para a resolução de disputas entre as partes."

  Gabarito: Afirmativa incorreta. É possível a previsão da utilização de mecanismos privados, inclusive da arbitragem, para solução de conflitos resultantes do contrato.

- *AGERBA/Especialista em Regulação/2017 – IBFC*

  "O contrato de concessão poderá prever o emprego de mecanismos privados para resolução de disputas decorrentes ou relacionadas ao contrato, exclusivamente por arbitragem, a ser realizada no Brasil ou no estrangeiro e em língua portuguesa."

  *Gabarito: Afirmativa incorreta. A arbitragem é uma das formas de solução de conflito possíveis de se utilizar em um contrato de concessão. A utilização do termo **exclusivamente** afasta qualquer outra utilização. O texto original utiliza o termo **inclusive**.*

Art. 24. (VETADO)

Art. 25. Incumbe à concessionária a execução do serviço concedido, cabendo-lhe **responder** por todos os **prejuízos** causados ao **poder concedente, aos usuários ou a terceiros**, sem que a fiscalização exercida pelo órgão competente **exclua ou atenue** essa responsabilidade.

§ 1° Sem prejuízo da responsabilidade a que se refere este artigo, a **concessionária poderá contratar com terceiros** o desenvolvimento de atividades **inerentes, acessórias ou complementares** ao serviço concedido, bem como a implementação de projetos associados.

§ 2° Os contratos celebrados entre a **concessionária e os terceiros** a que se refere o parágrafo anterior reger-se-ão pelo **direito privado**, não se estabelecendo qualquer relação jurídica entre os terceiros e o poder concedente.

§ 3° A execução das atividades contratadas com terceiros pressupõe o cumprimento das normas regulamentares da modalidade do serviço concedido.

1. Responsabilidade Decorrente do Contrato de Concessão

1.1) Responsabilidade Objetiva da Concessionária: O contrato de concessão firmado entre o Poder Concedente e a Pessoa Jurídica de Direito Privado transfere a execução do serviço público e, consequentemente, a responsabilidade por eventuais prejuízos ao concessionário. No caso, a responsabilidade será **objetiva**, não exigindo demonstração de dolo ou culpa na conduta do agente para configurar a possibilidade de ressarcimento dos prejuízos causados, bastando ao prejudicado demonstrar o **nexo de causalidade entre a conduta do agente e o dano sofrido**. A condição atende ao estabelecido no art. 37 §6º da CF/88.

> "Art. 37 §6º CF/88 – As pessoas jurídicas de direito público e as de **direito privado prestadoras de serviços públicos** responderão pelos danos que seus agentes, nessa qualidade, causarem a terceiros, assegurado o direito de regresso contra o responsável nos casos de dolo ou culpa."

STJ

Recentemente apresentou decisões que fixam a ideia de responsabilidade da concessionária apenas quando o prejuízo ou dano decorrer de atividade relacionada ao objeto do contrato. Observe algumas decisões recentes:

"Ato libidinoso praticado contra passageira no interior de trem. Ausência de responsabilidade civil da transportadora. Fato exclusivo de terceiro e estranho ao contrato de transporte. Fortuito externo.". STJ, REsp 1.748.295-SP, Rel. Min. Luis Felipe Salomão, Rel. Acd. Min. Marco Buzzi, por maioria, julgado em 13/12/2018, DJe 13/02/2019

"É fato que a concessionária de rodovia é responsável objetivamente por danos sofridos por seus usuários, mas a ocorrência de roubo e sequestro, com emprego de arma de fogo, é evento capaz e suficiente para romper com a existência de nexo causal, afastando-se, assim, a responsabilidade da recorrente. Conforme é possível concluir a partir da jurisprudência do STJ, a responsabilidade objetiva de concessionárias de rodovias está diretamente relacionada com o serviço por elas efetivamente prestado, que é a manutenção e administração de estradas de rodagem, e não com o fornecimento de segurança pública." STJ, REsp 1749941/PR, Rel. Ministra NANCY ANDRIGHI, TERCEIRA TURMA, julgado em 04/12/2018, DJe 07/12/2018.

▶ STF

Seguindo a mesma linha do STJ, determinou que a responsabilidade objetiva do concessionário não se dá apenas pelo fato da prestação do serviço, mas sim por uma atividade atrelada ao contrato de concessão ou permissão resultar em dano o u prejuízo a terceiros.

"A teor do disposto no artigo 37, § 6º, da Constituição Federal, há responsabilidade civil de pessoa jurídica prestadora de serviço público em razão de dano decorrente de crime de furto praticado em posto de pesagem, considerada a omissão no dever de vigilância e falha na prestação e organização do serviço." STF, RE 598356, Relator(a): Min. MARCO AURÉLIO, Primeira Turma, julgado em 08/05/2018, PROCESSO ELETRÔNICO DJe-153 DIVULG 31-07-2018 PUBLIC 01-08-2018

Aplicação em concurso:

- *Câmara de Conselheiro Lafaiete – MG/Analista Jurídico/2019– FCM*

  "as pessoas jurídicas de direito público e as de direito privado prestadoras de serviços públicos responderão pelos danos que seus agentes, nessa qualidade, causarem a terceiros, caso demonstrado que agiram com dolo ou culpa."

Gabarito: Afirmativa incorreta. A responsabilidade das concessionárias em relação a danos causados a terceiros por seu agentes será sempre objetiva, ou seja, não haverá necessidade de demonstração de dolo ou culpa do agente.

- *TCM-BA/Auditor de Controle Externo/2018 – CESPE*

  "A concessão de serviço público transfere ao concessionário a responsabilidade por prejuízos causados a terceiros, que é subjetiva nesse caso."

  Gabarito: Afirmativa incorreta. A responsabilidade da concessionária por prejuízos causados a terceiros será objetiva, conforme estabelecido no art. 37 §6º da CF/88.

1.2) Responsabilidade Subsidiária do Poder Concedente: O fato do poder concedente realizar a fiscalização do serviço prestado não exclui nem atenua a sua responsabilidade, que será subsidiária, no caso do concessionário não compensar plenamente o prejuízo resultante da prestação de serviço.

Aplicação em concurso:

- *MPE-GO/Promotor de Justiça/2012 – MPE-GO*

  " Incumbe à concessionária a execução do serviço concedido, cabendo-lhe responder por todos os prejuízos causados ao poder concedente, aos usuários ou a terceiros, sendo que a fiscalização exercida pelo órgão competente pode atenuar essa responsabilidade."

  Gabarito: Afirmativa incorreta, visto que a prática da fiscalização pelo poder concedente não isenta nem atenua sua responsabilidade, que será subsidiária, em eventual evento danoso.

2. **Terceirização:** Há previsão legal expressa permitindo ao concessionário terceirizar partes de sua prestação de serviço concedida, inclusive atividades inerentes, trazendo assim uma possibilidade de terceirização ampla quando se trata de contratos de concessão de serviços públicos.

Aplicação em concurso:

- *TJ-SC/Juiz de Direito Substituto/2019 – CESPE*

  "a concessionária não poderá contratar terceiros para o desenvolvimento de atividades inerentes, acessórias ou complementares ao serviço concedido."

  Gabarito: Afirmativa incorreta. Nos casos de atividades inerentes, acessórias ou complementares a legislação prevê a possibilidade de contratação de terceiros.

- *ESAF/Analista de Planejamento e Orçamento/2015 – ESAF*

  "Caso a concessionária contrate com terceiros o desenvolvimento de atividades inerentes, acessórias ou complementares ao serviço concedido, fica configurada a subconcessão."

  Gabarito: Afirmativa incorreta. A prática estabelecida na afirmativa é conhecida como ***subcontratação*** *ou* ***terceirização****.*

3. **Regime Jurídico Contratual:** Contratos firmados entre concessionária e terceiros serão regidos sempre pelo direito privado, não havendo presunção de relação jurídica estabelecida entre as partes.

Aplicação em concurso:

- *TRF – 2ª REGIÃO/Analista Judiciário – Área Judiciária/2017 – CONSULPLAN*

  "O concessionário poderá contratar com terceiros para o desenvolvimento de atividades acessórias, sendo esses contratos regidos pelo direito público."

  Gabarito: Afirmativa incorreta. Os contratos firmados entre o concessionário e o terceirizado serão regidos pelo direito privado, e não pelo direito público.

Art. 26. É **admitida a subconcessão**, nos termos previstos no contrato de concessão, desde que **expressamente autorizada** pelo poder concedente.

§ 1° A outorga de subconcessão será **sempre** precedida de **concorrência**.

§ 2° O subconcessionário se sub-rogará todos os direitos e obrigações da subconcedente dentro dos limites da subconcessão.

1. **Instituto da Subconcessão**: Apesar do contrato administrativo de concessão ser considerado um contrato **intuito personae ou personalíssimo** (o contratado deverá ser o prestador e responsável efetivo do serviço público), a legislação estabeleceu a possibilidade da subconcessão. Nesse instrumento, o originário concessionário permanece nessa condição, transferindo para o novo contratado apenas partes de seus poderes e deveres. Não se pode confundir com **cessão parcial**, pois esse instrumento resultaria em transferência da responsabilidade original e na redução contratual no âmbito da concessão original, o que não ocorre na subconcessão.

2. **Requisitos**: Para que a subconcessão ocorra de forma lícita, devem ser observados alguns requisitos obrigatórios:

   ✓ **previsão no contrato de concessão;**

   ✓ **autorização pelo poder concedente;**

   ✓ **licitação prévia sempre na modalidade concorrência.**

Aplicação em concurso:

- *TJ-AC/Juiz de Direito Substituto/2019 – VUNESP*

  "Nos termos da legislação pátria, se uma concessionária pretender fazer a subconcessão do serviço público a ela concedido,

  C) poderá fazê-lo por meio de concorrência, desde que autorizada no contrato, com anuência expressa do poder concedente."

  Gabarito: Afirmativa correta. Todos os requisitos necessários para a realização da subconcessão estão demonstrados na questão.

- *TJ-SC/Juiz de Direito Substituto/2019 – CESPE*

  "a subconcessão é juridicamente possível, situação que dispensa a realização de concorrência para a sua outorga."

Gabarito: Afirmativa incorreta. A subconcessão dependerá sempre de procedimento licitatório prévio para que sua outorga seja considerada válida.

- *TJ-CE/Titular de Serviços de Notas e de Registros/2018 – IESES*

  "Nos termos da atual legislação, não é mais admitida a subconcessão, mesmo que prevista no contrato de concessão original então firmado mantendo-se, porém, aquelas contratadas anteriormente à vigência da lei proibitiva."

  Gabarito: Afirmativa incorreta. A subconcessão encontra validade na legislação atual sobre concessão de serviços públicos.

Art. 27. A transferência de concessão ou do controle societário da concessionária **sem prévia anuência** do poder concedente implicará a **caducidade** da concessão.

§ 1° Para fins de obtenção da anuência de que trata o caput deste artigo, o pretendente deverá:

I – atender às exigências de capacidade técnica, idoneidade financeira e regularidade jurídica e fiscal necessárias à assunção do serviço; e

II – comprometer-se a cumprir todas as cláusulas do contrato em vigor.

1. **Transferência do Contrato de Concessão**: O art. 27 em estudo prevê a possibilidade da cessão total do contrato de concessão para um terceiro, bastando o atendimento aos requisitos definidos na lei. Esse dispositivo é muito criticado pela doutrina majoritária, pois permite a transferência de um contrato de concessão para uma entidade que não participou do procedimento licitatório inicial sem a necessidade da realização da uma nova licitação. Apesar de toda a crítica, além da existência de uma ADI proposta pelo PGR em 2003 (ADI 2946) que ainda se encontra no aguardo de julgamento no STF, os Tribunais em geral têm aplicado o entendimento de que a cessão não gera um novo contrato de concessão, tendo o contrato original sido firmado mediante licitação

e observância de todas as condições de contratação legalmente estabelecidas. Logo, ao resolver uma questão de prova, aplica-se o artigo como está, sem jurisprudência ou súmula modificativa existente.

2. **Possibilidade de Extinção do Contrato**: Para que a transferência seja legítima, impossibilitando um ato de extinção do contrato por caducidade, além dos requisitos exigidos a serem apresentados pelo novo ente concessionário, deve haver prévia anuência do poder concedente.

Aplicação em concurso:

- *TRT – 1ª REGIÃO/Analista Judiciário – Área Judiciária/2018 – INSTITUTO AOCP*

  "A transferência de concessão ou do controle societário da concessionária, sem prévia anuência do poder concedente, implicará a rescisão da concessão."

  Gabarito: Afirmativa incorreta, pois a transferência de um contrato de concessão ou do controle societário da concessionária sem prévia anuência do poder concedente resultará na caducidade do contrato.

Art. 27-A. Nas **condições estabelecidas no contrato de concessão**, o **poder concedente autorizará** a assunção do controle ou da administração **temporária** da concessionária por seus **financiadores e garantidores com quem não mantenha vínculo societário direto**, para promover sua reestruturação financeira e **assegurar a continuidade** da prestação dos serviços.

§ 1° Na hipótese prevista no caput, o poder concedente exigirá dos financiadores e dos garantidores que atendam às exigências de regularidade jurídica e fiscal, podendo alterar ou dispensar os demais requisitos previstos no inciso I do parágrafo único do art. 27.

§ 2° A assunção do controle ou da administração temporária autorizadas na forma do caput deste artigo não alterará as obrigações da concessionária e de seus controladores para com terceiros, poder concedente e usuários dos serviços públicos.

§ 3° Configura-se o controle da concessionária, para os fins dispostos no caput deste artigo, a propriedade resolúvel de ações ou quotas por seus financiadores e garantidores que atendam os requisitos do art. 116 da Lei no 6.404, de 15 de dezembro de 1976.

§ 4° **Configura-se a administração temporária** da concessionária por seus financiadores e garantidores quando, **sem a transferência da propriedade de ações ou quotas**, forem **outorgados os seguintes poderes**:

I – indicar os membros do Conselho de Administração, a serem eleitos em Assembleia Geral pelos acionistas, nas sociedades regidas pela Lei 6.404, de 15 de dezembro de 1976; ou administradores, a serem eleitos pelos quotistas, nas demais sociedades; II – indicar os membros do Conselho Fiscal, a serem eleitos pelos acionistas ou quotistas controladores em Assembleia Geral;

III – exercer poder de veto sobre qualquer proposta submetida à votação dos acionistas ou quotistas da concessionária, que representem, ou possam representar, prejuízos aos fins previstos no caput deste artigo;

IV – outros poderes necessários ao alcance dos fins previstos no caput deste artigo.

§ 5° A administração temporária autorizada na forma deste artigo não acarretará responsabilidade aos financiadores e garantidores em relação à tributação, encargos, ônus, sanções, obrigações ou compromissos com terceiros, inclusive com o poder concedente ou empregados.

§ 6° O Poder Concedente disciplinará sobre o prazo da administração temporária.

1. **Assunção Temporária da Concessão**: O art. 27-A, introduzido em nossa legislação pela Lei 13.097/2015, trouxe a previsão da assunção do **controle** ou da **administração temporária** da concessão por seus financiadores ou garantidores quando a concessionária estiver em uma situação de má administração ou desorganização estrutural, afetando assim a prestação do serviço.

2. **Princípio da Continuidade**: A possibilidade da transferência temporária da concessão atende ao definido pelo Princípio da Continuidade, pois permite ao concessionário realizar um procedimento de reestruturação financeira e administrativa sem que com isso seja interrompida a prestação do serviço público.

Aplicação em concurso:

- *Prefeitura de Maringá – PR/Procurador/2015 – PUC-PR*

  "É admitida a assunção do controle da concessionária pelos seus financiadores, com vistas a reestruturar o empreendimento, de modo a assegurar a continuidade dos serviços públicos concedidos."

  Gabarito: Afirmativa correta, a legislação prevê assunção do controle ou administração temporária da concessionária.

3. **Sujeitos da Administração Temporária**: A lei estabelece a possibilidade da transferência temporária da gestão da concessionária aos **financiadores** e aos **garantidores**. **Financiadores** são, por exemplo, empresas que emprestaram dinheiro para investimentos na prestação do serviço. **Garantidores** são, por exemplo, os fiadores das obrigações constituídas pela concessionária junto aos seus financiadores. Observe que, conforme regra legal, esses sujeitos não podem ter **nenhum** vínculo societário com a concessionária.

4. **Controle x Administração Temporária**: A lei prevê duas formas de transferência temporária da concessão para reestruturação, sendo elas o controle e a administração temporária. Conforme define o §3º do art. 27-A, entende-se por **controle** a situação em que os financiadores ou garantidores recebem propriedade resolúvel de ações ou cotas, ou seja, se tornam temporariamente controladores da concessionária com amplos poderes de ação, sendo essa propriedade perdida ao final da transferência. Já o §4º define **administração temporária** como sendo a transferência temporária da concessão sem recebimento de propriedade de cotas ou ações.

5. **Prazo Legal**: Por ser uma administração temporária, obviamente a sua autorização demanda a definição de um prazo de duração. Em seu §6º a Lei 8.987/95 deixou a critério do **poder concedente** a determinação discricionária desse prazo, baseado em critérios de conveniência e oportunidade.

Aplicação em concurso:

- *Prefeitura de Várzea Paulista – SP/Procurador Jurídico/2016 – VUNESP*

  "O poder concedente disciplinará sobre o prazo da administração temporária."

  Gabarito: Afirmativa correta, reproduzindo fielmente o texto da lei.

Art. 28. Nos contratos de financiamento, as concessionárias poderão **oferecer em garantia os direitos emergentes da concessão,** até o **limite que não comprometa** a operacionalização e a continuidade da prestação do serviço.

1. **Project Finance**: O art. 28 da Lei 8.987/95 prevê a possibilidade do concessionário utilizar direitos emergentes do contrato de concessão como garantia dos financiamentos contraídos no âmbito do projeto. Por direitos emergentes compreende-se todos os direitos creditório e direitos reais advindos do contrato de concessão.

2. **Direitos Creditórios**: Podem se dividir em: **direitos creditórios operacionais**, sendo aquelas receitas obtidas pela exploração da atividade concedida (tarifas, taxas, contraprestações da concessão patrocinada), e **direito creditórios não-operacionais**, sendo as receitas obtidas pela exploração de fontes alternativas de renda.

3. **Limitação das Garantias**: A oferta dos direitos emergentes do contrato de concessão como garantia de financiamento está limitada ao montante específico que não será capaz de impactar a prestação do serviço em si, resultando em sua inviabilização.

Aplicação em concurso:

- *TJ-RJ/Juiz de Direito/2012 – VUNESP*

  "As concessionárias poderão obter recursos financeiros por meio de contratos de financiamento, mas não poderão oferecer em garantia os direitos emergentes da concessão, sob pena de extinção da concessão."

  Gabarito: Afirmativa incorreta. Sabemos que a legislação permita a oferta dos direitos emergentes do contrato de concessão como garantia de financiamentos.

Art. 28-A. Para garantir **contratos de mútuo de longo prazo**, destinados a investimentos relacionados a contratos de concessão, em qualquer de suas modalidades, as concessionárias **poderão ceder ao mutuante, em caráter fiduciário, parcela de seus créditos operacionais futuros**, observadas as seguintes condições:

I - o contrato de cessão dos créditos deverá ser registrado em Cartório de Títulos e Documentos para ter eficácia perante terceiros;

II - sem prejuízo do disposto no inciso I do caput deste artigo, a cessão do crédito não terá eficácia em relação ao Poder Público concedente senão quando for este formalmente notificado;

III - os créditos futuros cedidos nos termos deste artigo serão constituídos sob a titularidade do mutuante, independentemente de qualquer formalidade adicional; IV - o mutuante poderá indicar instituição financeira para efetuar a cobrança e receber os pagamentos dos créditos cedidos ou permitir que a concessionária o faça, na qualidade de representante e depositária;

V - na hipótese de ter sido indicada instituição financeira, conforme previsto no inciso IV do caput deste artigo, fica a concessionária obrigada a apresentar a essa os créditos para cobrança;

VI - os pagamentos dos créditos cedidos deverão ser depositados pela concessionária ou pela instituição encarregada da cobrança em conta corrente bancária vinculada ao contrato de mútuo;

VII – a instituição financeira depositária deverá transferir os valores recebidos ao mutuante à medida que as obrigações do contrato de mútuo tornarem-se exigíveis;

VIII – o contrato de cessão disporá sobre a devolução à concessionária dos recursos excedentes, sendo vedada a retenção do saldo após o adimplemento integral do contrato.

Parágrafo único. Para os fins deste artigo, serão considerados **contratos de longo prazo** aqueles cujas obrigações tenham prazo médio de **vencimento superior a 5 (cinco) anos.**

1. **Contratos de Mútuo de Longo Prazo**: Com o advento da Lei 11.196/2005 e a consequente introdução do art. 28-A na Lei 8.987/95, pretendeu-se estabelecer uma garantia maior ao financiador quando se tratar de contratos de mútuo (empréstimos com juros) de longo prazo (entendidos como aqueles com vencimento superior a 5 anos, na forma do parágrafo único do art. 28-A), determinando regras importantes para que a cessão ocorra. Vejamos:

   ✓ **registro em Cartório de Títulos e Documentos;**

   ✓ **notificação do Poder Público concedente;**

   ✓ **constituição dos créditos futuros cedidos em nome do mutuante;**

   ✓ **possibilidade de indicação de instituição financeira pelo mutuante para cobrar e receber créditos cedidos;**

   ✓ **previsão contratual de devolução dos recursos excedentes à concessionária;**

   ✓ **cessão limitada ao possível, evitando afetar a prestação do serviço em si.**

2. **O requisito de notificação do poder concedente:** Cuidado com o dispositivo quando estabelece a exigência da **notificação** do poder concedente do procedimento de cessão de créditos em garantia para terceiros. Aqui não há uma necessidade de **autorização prévia**, como vimos na subconcessão, por exemplo, mas sim uma mera formalidade de aviso da ação ao poder concedente.

Aplicação em concurso:

- *Prefeitura de Recife – PE/Auditor do Tesouro Municipal/2014 – FGV*

  "A Empresa Bom Serviço, concessionária do serviço de transporte metroviário de passageiros no Estado X, pretende aumentar os investimentos na melhoria dos serviços. Para isso, obtém empréstimo de longo prazo junto a instituição financeira, cedendo, em garantia, parcela dos créditos operacionais que receberá no futuro. Sobre a situação hipotética, assinale a opção correta.

  A) A cessão dos créditos operacionais futuros, conquanto possível, somente é oponível ao Poder concedente depois que este for formalmente notificado."

  Gabarito: Afirmativa correta. Observamos o atendimento a dois requisitos importantes: a cessão limitada dos direitos e a notificação do poder concedente.

- *TJ – PE/Juiz de Direito/20143 – FCC*

  "O contrato de cessão disporá sobre a devolução à concessionária dos recursos excedentes, salvo acordo das partes que indique possibilidade de retenção do saldo após o adimplemento integral do contrato."

  Gabarito: Afirmativa incorreta. O contrato de concessão preverá a forma de devolução de excedentes. É vedada a retenção de qualquer valor após o adimplemento integral da obrigação contratual pactuada.

Art. 29. Incumbe ao poder concedente:

I – **regulamentar** o serviço concedido e **fiscalizar** permanentemente a sua prestação;

II – **aplicar as penalidades** regulamentares e contratuais;

III – **intervir** na prestação do serviço, nos casos e condições previstos em lei;

IV – **extinguir** a concessão, nos casos previstos nesta Lei e na forma prevista no contrato;

V – **homologar reajustes** e **proceder à revisão das tarifas** na forma desta Lei, das normas pertinentes e do contrato;

VI - cumprir e fazer cumprir as disposições regulamentares do serviço e as cláusulas contratuais da concessão;

VII - zelar pela boa qualidade do serviço, receber, apurar e solucionar queixas e reclamações dos usuários, que serão cientificados, em até trinta dias, das providências tomadas;

VIII - declarar de utilidade pública os bens necessários à execução do serviço ou obra pública, promovendo as desapropriações, diretamente ou mediante outorga de poderes à concessionária, caso em que será desta a responsabilidade pelas indenizações cabíveis;

IX - declarar de necessidade ou utilidade pública, para fins de instituição de servidão administrativa, os bens necessários à execução de serviço ou obra pública, promovendo-a diretamente ou mediante outorga de poderes à concessionária, caso em que será desta a responsabilidade pelas indenizações cabíveis;

X - estimular o aumento da qualidade, produtividade, preservação do meio-ambiente e conservação;

XI - incentivar a competitividade; e

XII - **estimular a formação de associações de usuários** para defesa de interesses relativos ao serviço.

1. **Transferência da Prestação de Serviço:** Fica evidente na análise do art. 29 a característica específica da descentralização por colaboração ou por delegação de transferência **apenas da execução** do serviço público, mantendo-se a **titularidade** nas mãos do poder concedente. Diversos dispositivos foram produzidos para afirmar a titularidade do poder público.

Aplicação em concurso:

- *TRT – 2ª REGIÃO/Analista Judiciário – Área Administrativa/2018 – FCC*

  "Tendo o Poder Público decido transferir a prestação de serviço público de transporte de passageiros a empresa privada, optou por fazê-lo mediante permissão e não por concessão, o que significa que:

E) será transferida a titularidade do serviço ao permissionário, para sua exploração mediante cobrança de taxa."

*Gabarito: Alternativa errada. Toda concessão ou permissão de serviço público é realizada sob a técnica administrativa conhecida como **descentralização por delegação ou por colaboração**, em que apenas a **execução** dos serviços será transferida ao delegatário.*

- *DPE-AM/Defensor Público/2018 – FCC*

  "Considere que o Estado pretenda transferir a execução e exploração de serviço público de transporte ferroviário em determinada região metropolitana, desonerando-se, assim, dos custos correspondentes. Para tanto, uma das alternativas juridicamente cabíveis da qual poderia se valer consiste em:

  E) conceder, mediante prévio procedimento licitatório, o serviço a empresa privada, com a transferência da correspondente titularidade."

  Gabarito: Alternativa errada. Não se transfere a titularidade do serviço público, somente a sua execução.

2. **Poder Regulamentar:** Na teoria consolidada do Direito Administrativo, o Poder Regulamentar, poder do Estado de editar normas com a específica função de dar fiel execução a uma legislação existente, só poderá ser exercido por agentes integrantes da Administração Pública e que possuam competência legalmente instituída para produção de tais normas. Por isso, ao realizar um procedimento de concessão ou permissão de serviços, o poder concedente não estará oferecendo ao licitante vencedor o poder de produção de normas referentes ao serviço prestado. Ficará ainda a cargo da própria Administração a ação de edição regulamentar. Por tal motivo, por exemplo, as tarifas dos serviços de transporte público coletivo só podem ser revistas e alteradas por decreto administrativo expedido pelo Chefe do Poder Executivo, não sendo possível tal alteração ocorrer por simples ação do concessionário.

3. **Poder de Fiscalização:** Resultado da existência das cláusulas exorbitantes em contratos administrativos, o poder

de fiscalização do poder concedente será amplo, não se entendendo apenas como poder de mera observação da prestação do serviço. Aqui a intenção do legislador foi garantir que a Administração Pública poderá pleitear constantemente a manutenção devida do serviço público prestado, antecipando eventuais problemas que possam surgir fruto de má administração, má utilização de recursos ou outras irregularidades do concessionário.

Aplicação em concurso:

- *CEMIG-TELECOM/Analista – Vendas/2016 – FUMARC*

  "A delegação do serviço público pressupõe:

  D) O afastamento da cláusula exorbitante que confere ao contratante a prerrogativa de fiscalizar a execução do objeto do contrato."

  Gabarito: Alternativa errada. A fiscalização da execução do serviço pelo agente delegante é uma garantia ***legal*** *que não poderá ser afastada em nenhuma hipótese.*

4. **Extinção do Contrato de Concessão:** Ainda dentro dos poderes resultantes das cláusulas exorbitantes de um contrato administrativo, o poder concedente poderá determinar de forma **unilateral** a extinção do contrato de concessão caso identifique qualquer uma das situações previstas no contrato e na lei.

5. **Intervenção:** Medida excepcional, adotada para assegurar a continuidade ou normalidade da prestação do serviço público e garantir o adequado cumprimento das obrigações assumidas pelo concessionário, declarada por decreto do poder concedente. Poderá resultar na extinção do contrato de concessão caso, durante a vigência da intervenção, sejam confirmadas as irregularidades identificadas no ato de intervenção.

Aplicação em concurso:

- *TJ-RS/Analista Judiciário – Ciências Sociais/2017 – FAURGS*

  "A intervenção na concessão, que é o instrumento para adequar a prestação do contrato de concessão às normas legais, regulamentares e contratuais, é efetivada por lei."

Gabarito: Alternativa errada. A intervenção, apesar de ser um procedimento válido e previsto na Lei 8.987/95, não faz parte do rol de atos extintivos, e sim do rol de ***poderes*** *do poder concedente. Observe que, da intervenção, poderá* ***resultar a extinção do contrato****, mas não será a intervenção a forma de extinção.*

- *TJ-RS/Analista Judiciário – Ciências Sociais/2017 – FAURGS*

  "Entre as modalidades de extinção do contrato de concessão de serviços públicos, previstas na legislação de regência, insere-se a:

  B) intervenção, mediante decreto do poder concedente, com a retomada do objeto da concessão a fim de assegurar a adequação na prestação do serviço, bem como o fiel cumprimento das normas contratuais, regulamentares e legais pertinentes."

  Gabarito: Afirmativa incorreta. A intervenção se efetiva mediante a edição de um decreto pelo poder concedente, não pela edição de uma lei.

6. **Imposição de Sanções:** Nossa legislação não estabeleceu as penalidades cabíveis; com isso, aplicamos por entendimento doutrinário as penalidades previstas nos arts. 87 e 88 da Lei 8.666/93, já que esta é a lei responsável pela regulamentação dos contratos administrativos, sendo utilizada de forma subsidiária. Por isso, não poderão os contratos, o edital de licitação ou até mesmo um ato administrativo instituir penalidades que não estejam expressamente previstas na lei.

Aplicação em concurso:

- *ARCE/Analista de Sistemas/2012 – FCC*

  "O marco legal do sistema de concessões no Brasil foi significativamente alterado pela Lei de Parcerias Público-Privadas, que introduziu, como modalidades de contrato de concessão, as concessões administrativas e as concessões patrocinadas. Pode-se apontar entre uma das significativas diferenças dos contratos de PPP em relação à concessão comum

A) a possibilidade de aplicação de penalidades à Administração no caso de inadimplemento contratual."

Gabarito: Afirmativa correta. Observe que quando tratamos da concessão comum, regida pela Lei 8.987/95, não há nenhuma possibilidade de aplicação de penalidade ao ***PODER PÚBLICO*** *mas tão somente ao concessionário, pessoa jurídica ou consórcio de pessoas jurídicas de direito privado.*

Art. 30. No exercício da fiscalização, o poder concedente **terá acesso** aos dados relativos à **administração, contabilidade, recursos técnicos, econômicos e financeiros** da concessionária.

Parágrafo único. A fiscalização do serviço será feita por intermédio de **órgão técnico do poder concedente ou por entidade com ele conveniada**, e, periodicamente, conforme previsto em norma regulamentar, por **comissão composta de representantes do poder concedente, da concessionária e dos usuários.**

1. **Amplitude do Poder Fiscalizatório**: Conforme vimos no artigo anterior, um dos poderes oferecidos ao poder concedente resultante do contrato firmado com o concessionário é o poder de fiscalização da prestação do serviço, com o intuito de assegurar a adequada prestação pelo delegado. Esse poder será exercido de forma ampla, sendo garantido ao poder concedente acesso a todos os dados de cunho **administrativo, contábil, técnico, econômico e financeiro**. Obviamente, esse acesso será limitado apenas aos dados direta ou indiretamente relacionados ao contrato firmado, não se podendo buscar dados específicos do concessionário que não tenham ligação com o serviço prestado.

2. **Omissão da Fiscalização**: Por ser considerado um poder-dever do Estado, a omissão na fiscalização da prestação de serviço poderá resultar em responsabilização **solidária** do Estado na reparação de eventuais danos ou prejuízos causados a terceiros.

3. **Execução da Fiscalização**: Para exercer esse poder-dever, a Administração deverá formar um órgão técnica com

capacidade para, periodicamente, fiscalizar a concessionária. Essa ação caracteriza o chamado **controle interno**, já que é exercido dentro da própria estrutura do poder. Porém, o poder concedente poderá conveniar-se a uma entidade para que esta faça o controle, no denominado **controle externo**, normalmente realizado por uma agência reguladora.

▶ **Importante**: Na forma do inciso XII do art. 29 estudado anteriormente, os usuários poderão formar uma associação com o poder de fiscalização do serviço, exercendo legalmente o controle externo. Com a edição da Lei 13.460/2017 (Lei de Defesa do Usuário dos Serviços Públicos ou Código de Defesa do Usuário do Serviço Público) houve a regulamentação na forma de ação do usuário para garantir seu direito de fiscalização sobre os serviços, inclusive de fiscalização sobre a fiscalização exercida pelos agentes públicos.

Aplicação em concurso:

- *Prefeitura de Curitiba – PR/Procurador/2019 – NC-UFPR*

  "No Brasil, inexiste uma lei nacional de participação, proteção e defesa dos direitos do usuário dos serviços públicos da administração pública."

  Gabarito: Alternativa errada. Já existia a previsão de aplicação subsidiária do Código de Defesa do Consumidor para proteção dos direitos dos usuários de serviços públicos. Mesmo assim, como forma de regulamentação específica, foi sancionada em 2017 a Lei 13.460, sendo a lei nacional de participação, proteção e defesa dos direitos dos usuários dos serviços públicos.

- *CORE-MS/Auxiliar administrativo/2018 – INAZ do Pará*

  "Abastecimento de gás e água, fornecimento de energia elétrica, telecomunicações e transporte coletivo são espécies de serviços públicos. A prestação de serviços públicos é responsabilidade do poder público que pode prestá-lo diretamente ou delegá-lo ao particular através do regime de concessão ou permissão. São aspectos da concessão ou permissão do Serviço Público, os quais são obrigatoriamente previstos em lei, exceto:

D) A fiscalização do serviço prestado à população."

*Gabarito: Alternativa errada. A questão exigia o aspecto que **não** existe num contrato de delegação de serviço público. A fiscalização do serviço é prevista na Lei 8.987/95.*

- *Prefeitura de Chopinzinho – PR/Procurador/2016 – FAU*

  "As concessões e permissões sujeitar-se-ão à fiscalização pelo poder concedente responsável pela delegação, com a cooperação dos usuários."

  Gabarito: Afirmativa correta. Tanto o poder concedente quanto os usuários dos serviços poderão exercer a fiscalização da prestação do serviço público.

Art. 31. Incumbe à **concessionária**:

I – prestar serviço adequado, na forma prevista nesta Lei, nas normas técnicas aplicáveis e no contrato;

II – manter em dia o inventário e o registro dos bens vinculados à concessão;

III – **prestar contas da gestão do serviço** ao poder concedente e aos **usuários**, nos termos definidos no contrato;

IV – cumprir e fazer cumprir as normas do serviço e as cláusulas contratuais da concessão;

V – **permitir aos encarregados da fiscalização livre acesso**, em qualquer época, às obras, aos equipamentos e às instalações integrantes do serviço, bem como a seus registros contábeis;

VI – **promover as desapropriações e constituir servidões autorizadas pelo poder concedente**, conforme previsto no edital e no contrato;

VII – zelar pela integridade dos bens vinculados à prestação do serviço, bem como segurá-los adequadamente; e

VIII – captar, aplicar e gerir os recursos financeiros necessários à prestação do serviço.

Parágrafo único. As contratações, inclusive de mão-de-obra, feitas pela concessionária serão regidas pelas disposições de direito privado e pela legislação trabalhista, não se estabelecendo qualquer relação entre os terceiros contratados pela concessionária e o poder concedente.

1. **Prestação de Contas**: Em conformidade com o direcionamento dado pelas alterações legislativas ocorridas na Lei 8.987/95, determinando amplos poderes de ação ao público em geral na fiscalização dos serviços prestados por um agente delegado, o inciso III do art. 31 estipula a **obrigatoriedade** da prestação de contas pelo concessionário ao poder concedente e aos **usuários**. O termo usuário aqui, como tem ocorrido em todas as situações de interpretação legal, deve ser entendido como "aquele que se utilizada ou **pode vir a** utilizar o serviço", logo, não apenas os usuários comuns ou rotineiros mas também aqueles da sociedade que, apesar da não utilização frequente do serviço, o possuem à sua disposição.

Aplicação em concurso:

- *TJ-PI/Analista Judiciário – Oficial de Justiça Avaliador/2015 – FGV*

  "A Lei nº 8.987/95, que regulamenta o regime de concessão e permissão da prestação de serviços públicos, ao dispor sobre encargos do poder concedente, estabelece que incumbe-lhe:

  A) promover as desapropriações e constituir servidões, conforme previsto no edital, sendo-lhe vedado outorgar ao concessionário poderes para promover desapropriações;

  B) prestar diretamente o serviço adequado, na forma prevista na Lei, nas normas técnicas aplicáveis e no contrato, para satisfação do interesse público;

  C) prestar contas da gestão do serviço ao concessionário e aos usuários, nos termos definidos no contrato, a fim de manter o equilíbrio econômico financeiro do contrato;

  E) captar, aplicar e gerir os recursos financeiros necessários à prestação do serviço e manter em dia o inventário e o registro dos bens vinculados à concessão."

Gabarito: Todas as alternativas estão erradas. Observe que o enunciado o exige o conhecimento dos encargos do PODER CONCEDENTE, enquanto as alternativas apresentadas se referem a encargos da CONCESSIONÁRIA. Fica a dica: Os encargos do concessionário ***sempre*** *estarão relacionados a prestação do serviço de forma direta, sendo encargos como* ***prestar contas, aplicar recursos financeiros no serviço, prestar serviço adequado, promover desapropriação...***

2. **Facilitação na Fiscalização**: O concessionário deverá tornar o mais amplo e irrestrito possível o acesso às informações necessárias para que a devida fiscalização seja exercida pelos agentes públicos competentes. Devemos sempre lembrar que as informações aqui acessíveis serão apenas aquelas relacionadas ao objeto do contrato estabelecido.

3. **Promoção da Desapropriação**: O procedimento desapropriatório é uma das formas de intervenção legítimas do Estado sobre a propriedade privada, estando devidamente previsto na CF/88 e nas legislações específicas. Importante destacarmos aqui que a lei 8.987/95 não transmite ao concessionário o poder de **determinar** ou **iniciar** o procedimento desapropriatório, visto que essa ação é exclusiva dos entes da Administração Pública, mas sim o poder de **promover** ou **executar** a desapropriação decretada pelo ente competente. Entende-se como atos de promoção da desapropriação o pagamento de eventual indenização resultante do ato interventivo e início da exploração da propriedade expropriada.

Aplicação em concurso:

- *AFAP/Agente de Fomento Externo/2019 – FCC*

  "O proprietário de um terreno vizinho a uma estação de metrô apresentou requerimento à empresa que operava aquele serviço de transporte mediante concessão comum, regida pela Lei nº 8.987/1995, oferecendo seu imóvel à venda por determinado valor. A empresa, que já estava desenvolvendo projeto de expansão e melhorias da estação, interessou-se pelo mesmo, determinando a avaliação do bem por sua área técnica. O valor apurado, no entanto, foi inferior ao solicitado pelo proprietário, que então enviou comunicado desistindo da intenção da venda. À empresa é legalmente permitido

A) se assim prevista no contrato de concessão, promover a competente ação para expropriação do imóvel, ofertando o valor do laudo elaborado, sem prejuízo do Judiciário apurar valor distinto."

Gabarito: Alternativa correta. Poderá ser delegada ao concessionário mediante previsão no edital de licitação ou no contrato a incumbência de promover os atos necessários para a execução da desapropriação.

- *TJ-RO/Oficial de Justiça/2015 – FGV*

"incumbe à concessionária promover as desapropriações e constituir servidões, independentemente de autorização pelo poder concedente e de prévia previsão no edital e no contrato, bem como homologar reajustes e proceder à revisão das tarifas para manter o equilíbrio econômico-financeiro;"

Gabarito: Alternativa incorreta. Para que a concessionária possa promover desapropriação ou constituir servidões de forma legítima, é necessário que tal possibilidade esteja expressamente determinada no edital e no contrato firmado.

Art. 32. O **poder concedente poderá intervir na concessão**, com o fim de assegurar a adequação na prestação do serviço, bem como o fiel cumprimento das normas contratuais, regulamentares e legais pertinentes.

Parágrafo único. A **intervenção far-se-á por decreto** do poder concedente, que conterá a designação do **interventor, o prazo** da intervenção e os **objetivos e limites** da medida.

1. **Excepcionalidade do Ato**: A intervenção do poder concedente na concessão é uma medida excepcional, que deve utilizada como **último recurso** para a garantia da prestação do serviço pelo concessionário. A intervenção poderá ser decretada de forma **preventiva**, situação em que se identifica o risco iminente de comprometimento da adequada prestação do serviço, ou de forma **repressiva**, quando a

inadequação é constatada de forma clara ou nas hipóteses de descumprimento reiterado das normas legais, contratuais e regulamentares.

2. **Pressupostos Legais:** A legislação possibilita a intervenção em três situações específicas, quais sejam: Constatação de inadequação ou iminência de sua ocorrência, situação em que devemos levar em consideração os princípios e a conceituação estudados anteriormente na análise do art. 6º de nossa lei, e descumprimento das regras pertinentes. Nesse último caso, destaco que somente será possível a decretação da intervenção no caso de descumprimento **reiterado** das normas, já que no caso de descumprimento eventual existem outras formas de ação legalmente instituídas, como as medidas sancionatórias.

3. **Elementos da Intervenção:** O decreto interventivo deverá conter, sob pena de sua anulação, os elementos previstos no parágrafo único do art. 32, sendo eles:

   I. **Nomeação do Interventor**: O decreto de intervenção afastará toda a cúpula diretiva da concessionária. Logo, para que o procedimento não resulte em interrupção da prestação do serviço, ferindo assim o princípio da continuidade, o interventor nomeado deverá ter capacidade técnica para avaliar a situação e manter a prestação normal do serviço, sem que o usuário seja afetado pelo procedimento instaurado;

   II. **Prazo da Intervenção:** Deve ser determinado um prazo para realização da intervenção, não podendo essa ser decretada por período indeterminado;

   III. **Objetivos e Limites da Intervenção**: O decreto interventivo deverá claramente demonstrar os objetivos que se pretendem atingir pela ação de intervenção, em respeito ao princípio da motivação do ato administrativo, previsto no art. 50 da Lei 9.784/99. Além disso, o interventor deverá atuar dentro de um campo previamente estipulado de poderes, não detendo em si ampla possibilidade de ação na intervenção. Resumindo, devemos identificar facilmente no decreto de intervenção a intenção do procedimento e o poder destinado ao interventor.

Aplicação em concurso:

- *Câmara Legislativa do DF/Consultor Legislativo/2018 – FCC*

  "intervenção, mediante decreto do poder concedente, com a retomada do objeto da concessão a fim de assegurar a adequação na prestação do serviço, bem como o fiel cumprimento das normas contratuais, regulamentares e legais pertinentes."

  Gabarito: Afirmativa incorreta. A intervenção não possui como resultado a retomada do objeto da concessão, mas sim a determinação temporária de gestão da concessionária para adequação da prestação do serviço ou adequação legal.

- *SEFIN – RO/Auditor – Ciências Contábeis/2018 – FGV*

  "A intervenção far-se-á por decreto do poder concedente, que conterá a designação do interventor, o prazo, os objetivos e limites da medida."

  Gabarito: Afirmativa correta, contendo todos os requisitos necessários para a devida decretação do procedimento de intervenção.

Art. 33. Declarada a intervenção, o poder concedente deverá, **no prazo de trinta dias**, instaurar procedimento administrativo para comprovar as causas determinantes da medida e apurar responsabilidades, **assegurado o direito de ampla defesa.**

§ 1° Se ficar comprovado que a intervenção **não observou os pressupostos legais e regulamentares será declarada sua nulidade**, devendo o serviço ser imediatamente devolvido à concessionária, **sem prejuízo de seu direito à indenização.**

§ 2° O **procedimento administrativo** a que se refere o caput deste artigo deverá ser **concluído no prazo de até cento e oitenta dias**, sob pena de considerar-se inválida a intervenção.

1. **Etapas da Intervenção**: O procedimento interventivo deverá seguir as seguintes etapas: **decretação, instauração de procedimento administrativo e conclusão**. A etapa de decretação foi estudada no artigo anterior e a conclusão será estudada no próximo artigo.

2. **Processo Administrativo de Intervenção**: Após a decretação da intervenção, o interventor e sua equipe deverão confirmar as irregularidades identificadas como motivadoras para a ação interventiva em um prazo de 30 dias. No caso de confirmação dos indícios de irregularidade, será instaurado um procedimento administrativo por um prazo de até 180 dias. Esse processo administrativo será utilizado para a produção de provas que demonstram as irregularidades levantadas e identificação dos exatos responsáveis pelas irregularidades, garantido contraditório e ampla defesa a todos os envolvidos no processo.

Aplicação em concurso:

- *ARTESP/Direito/2017 – FCC*

  "decretar a intervenção, por prazo indeterminado, até a regularização da situação, podendo a medida ser convolada em encampação."

  Gabarito: Afirmativa incorreta. Não há possibilidade de decretação da intervenção pro prazo determinado, sendo inclusive um dos requisitos para a edição válida do decreto de intervenção.

- *AGERBA/Técnico em Regulação/2017 – IBFC*

  "Declarada a intervenção, o poder concedente deverá, no prazo de vinte dias, instaurar procedimento administrativo para comprovar as causas determinantes da medida e apurar responsabilidades, assegurado o direito de ampla defesa".

  Gabarito: Afirmativa incorreta. O prazo máximo para que da intervenção resulte a instauração do procedimento administrativo é de 30 dias.

- *CGM – RJ/Contador/2015 – Prefeitura do Rio de Janeiro – RJ*

  "De acordo com o expressamente disposto na Lei de Concessões e Permissões de Serviços Públicos (Lei nº 8.987/95), a intervenção na concessão será feita por meio de:

  D) decreto legislativo do poder concedente, que conterá a designação do interventor, o prazo e as condições da intervenção e os objetivos e limites da medida".

  Gabarito: Afirmativa incorreta. O prazo máximo para que da intervenção resulte a instauração do procedimento administrativo é de 30 dias. MUITO CUIDADO: Decreto é a forma do regulamento, ato administrativo editado pelo Poder Executivo em decorrência do Poder Regulamentar, com eficácia específica de criar mecanismos de execução de uma lei prévia. Decreto legislativo é ato normativo de competência exclusiva do Poder Legislativo, com eficácia análoga a de uma lei.

3. **Prazo Máximo da Intervenção**: Questão muito comum de cobrança pelas bancas, devemos atentar para três prazos aqui: **Prazo de Validade do Decreto de Intervenção (até 30 dias), Prazo do Processo Administrativo de Intervenção (até 180 dias) e Prazo do ato de Intervenção (até 210 dias)**. FIQUE ATENTO!

Aplicação em concurso:

- *TCM-GO/Auditor de Controle Externo – Jurídica/2015 – FCC*

  "decretar a intervenção no contrato, por decreto, com instauração de procedimento administrativo que deverá ser concluído no prazo máximo de 180 dias."

  Gabarito: Afirmativa corrreta. O enunciado exige expressamente o prazo máximo de duração do Processo Administrativo resultante da decretação da intervenção, prazo esse de até 180 dias.

4. **Anulação e Indenização**: Caso os requisitos anteriormente estudados não sejam identificados no decreto de intervenção, o ato será declarado nulo e poderá ensejar ao concessionário direito à indenização por eventual prejuízo sofrido.

Art. 34. Cessada a intervenção, se não for extinta a concessão, a administração do serviço será devolvida à concessionária, precedida de prestação de contas pelo interventor, que responderá pelos atos praticados durante a sua gestão.

1. **Conclusão da Intervenção**: Após o devido procedimento administrativo realizado, da intervenção poderá resultar: **Extinção da Concessão**, ficando comprovada as irregularidades cometidas pelo concessionário ou **Arquivamento da**

Intervenção com devolução da administração do serviço à concessionário e prestação de contas de todos os atos praticados pelo interventor durante a vigência da intervenção.

Aplicação em concurso:

- *MPE-SC/Promotor de Justiça/2016 – MPE-SC*

  "A administração do serviço, ao cessar a intervenção, será obrigatoriamente devolvida à concessionária, precedida de prestação de contas pelo interventor."

  Gabarito: Afirmativa incorreta. Da cessão da intervenção poderão resultar extinção da concessão ou devolução da administração à concessionária. No caso de confirmação das irregularidades não há obrigatoriedade na devolução da administração à concessionária e sim a determinação da extinção do contrato de concessão.

- *MPE-SC/Promotor de Justiça/2016 – MPE-SC*

  "Cessada a intervenção na concessão de serviço público, quando a concessão não for extinta, a administração do serviço será devolvida à concessionária, precedida de prestação de contas pelo interventor, que responderá pelos atos praticados durante a sua gestão."

  Gabarito: Afirmativa correta. Reprodução exata do dispositivo legal.

Art. 35. Extingue-se a concessão por:

I – advento do termo contratual;

II – encampação;

III – caducidade;

IV – rescisão;

V – anulação; e

VI – falência ou extinção da empresa concessionária e falecimento ou incapacidade do titular, no caso de empresa individual.

§ 1° Extinta a concessão, retornam ao poder concedente todos os **bens reversíveis**, direitos e privilégios transferidos ao concessionário conforme previsto no edital e estabelecido no contrato.

§ 2° Extinta a concessão, **haverá a imediata assunção do serviço pelo poder concedente**, procedendo-se aos levantamentos, avaliações e liquidações necessários.

§ 3° **A assunção do serviço autoriza a ocupação das instalações e a utilização**, pelo poder concedente, de todos os **bens reversíveis.**

§ 4° Nos casos previstos nos incisos I e II deste artigo, o poder concedente, antecipando-se à extinção da concessão, procederá aos levantamentos e avaliações necessários à determinação dos montantes da indenização que será devida à concessionária, na forma dos arts. 36 e 37 desta Lei.

1. **Formas de Extinção da Concessão**: Por se tratar de um contrato administrativo, a extinção da concessão só poderá se dar por meios legalmente ou contratualmente previstos. Segundo nossa legislação, as formas válidas de extinção do contrato de concessão serão:

Advento do Termo Contratual	Como o contrato de concessão não poderá ser firmado por prazo indeterminado, deverá existir previsão contratual de seu fim. Caso essa data prevista seja atingida sem prorrogação do contrato, ocorrerá a extinção natural do contrato por fim de prazo
Encampação	Modalidade resultante do interesse público, que exige a retomada da prestação do serviço pelo poder concedente.
Caducidade	Extinção do contrato por ato administrativo unilateral do poder concedente (cláusula exorbitante). Resulta da confirmação de irregularidades cometidas pela concessionária na vigência do contrato.
Rescisão Judicial	Extinção do contrato por decisão judicial após propositura da ação pela concessionária. Resulta da comprovação de irregularidades cometidas pelo poder concedente no curso do contrato de concessão.
Rescisão Amigável (Doutrina)	Apesar de não prevista expressamente na lei, a rescisão amigável é uma forma de extinção resultante do acordo entre as partes.

Anulação	Caso seja constatada ilegalidade no procedimento prévio ao firmamento do contrato ou ilegalidades dentro do contrato, seja decretada sua anulação, com efeitos retroativos
Falência ou Extinção da Empresa Concessionária	Pelo fim das operações da empresa concessionária o objeto de prestação se torna impossível.
Falecimento ou Incapacidade do Titular	No caso de contrato firmado com empresa individual.

Aplicação em concurso:

- *AFAP/Agente/2019 – FCC*

  "A extinção antecipada de um contrato de concessão, realizada pelo poder concedente após comprovação de que o concessionário havia paralisado os serviços há determinado tempo,

  C) enquadra-se na hipótese de caducidade, o que prescinde de lei específica para tanto, sendo suficiente a comprovação da interrupção injustificada."

  Gabarito: Alternativa correta. A extinção da concessão por caducidade resulta de irregularidades cometidas pelo concessionário, bastando a decretação de uma intervenção e comprovação da irregularidade para que se concretize. MUITO CUIDADO: Normalmente as bancas de concursos utilizando-se do verbo"prescindir", que significa ***não precisar*** *ou* ***dispensar****. O candidato normalmente se confunde e acaba entendo como algo que é necessário ou exigido.*

- *PGE-PE/Analista Judiciário de Procuradoria/2019 – CESPE*

  "Encampação é a denominação dada à rescisão unilateral de uma concessão pública antes do prazo inicialmente estabelecido entre as partes e equivale à retomada da execução do serviço pelo poder concedente."

  Gabarito: Alternativa correta. Encampação ou resgate é o procedimento pelo qual o poder concedente decrete de forma antecipa o fim do contrato, retomando a execução do serviço.

- *SEFAZ-GO/Auditor Fiscal da Receita Estadual/2018 – FCC*

  "A encampação e a caducidade, no âmbito da delegação de serviços públicos a particulares, são

B) formas de rescisão bilateral dos contratos de concessão de serviço público que se prestam a garantia do princípio da continuidade dos referidos serviços, com prévio estabelecimento dos critérios indenizatórios à concessionária."

*Gabarito: Alternativa incorreta. Encampação e caducidade são direitos concedidos ao poder concedente pela existência das cláusulas exorbitantes de um contrato administrativo, mais precisamente o poder de **rescisão unilateral do contrato**. Vale também destacar que, no caso da extinção do contrato por caducidade, não há que se falar em indenização.*

2. **Reversão**: Não se pode confundir com modalidade de extinção, mas deve se entender como uma consequência da extinção do contrato de concessão. Ao final do contrato de concessão, alguns bens se destacarão por sua indispensabilidade na manutenção da prestação do serviço (exemplos: dutos de esgoto, linhas de transmissão de energia elétrica, postes de iluminação). Por tal característica, esses bens deverão ser convertidos automaticamente em bens públicos, ou seja, são retirados das mãos da concessionária e passam a compor o patrimônio público do poder concedente.

Aplicação em concurso:

- *TJ-MG/Juiz de Direito/2018 – CONSULPLAN*

  "De acordo com a Lei nº 8.987/1995, se extinta a concessão de serviço público em razão do advento do termo do contrato e o poder concedente venha a decidir que os bens afetos ao serviço público, de propriedade do concessionário, sejam incorporados ao poder público, o instituto utilizado pelo poder concedente para incorporar os bens do concessionário ao patrimônio público denomina-se reversão."

  Gabarito: Afirmativa correta. Reversão é a incorporação dos bens do concessionário indispensáveis ao serviço ao patrimônio público.

Art. 36. A **reversão** no advento do termo contratual **far-se-á com a indenização** das parcelas dos investimentos vinculados a bens reversíveis, **ainda não amortizados ou depreciados,** que tenham sido realizados com o objetivo de garantir a continuidade e atualidade do serviço concedido.

1. **Reversão Indenizada**: Os bens que sofrem reversão são bens adquiridos pelo concessionário durante a vigência do contrato de prestação de serviços. Para evitar um prejuízo desproporcional a ser absorvido pelo concessionário, os bens revertidos serão avaliados. Os valores da avaliação serão comparados com o lucro obtido pelo concessionário durante a prestação do serviço. Caso o investimento inicial tenha sido amortizado ou o bem depreciado, a reversão se dará sem necessidade de indenização. Caso não tenha ocorrido a amortização do investimento, será necessária a indenização dos valores necessários.

Aplicação em concurso:

- *TJ-AM/Titular de Serviços de Notas e de Registros/2018 – IESES*

  "A reversão no advento do termo contratual far-se-á com a indenização das parcelas dos investimentos vinculados a bens reversíveis, ainda não amortizados ou depreciados, que tenham sido realizados com o objetivo de garantir a continuidade e atualidade do serviço concedido."

  Gabarito: Afirmativa correta. A reversão sobre os bens indispensáveis para a manutenção do serviço sempre ocorrerá. O que se deve identificar é a necessidade de indenização, no caso de investimento não recuperado na vigência do contrato ou bens ainda não depreciados, ou não, no caso da amortização ter sido completa ou o bem estar depreciado.

Art. 37. Considera-se **encampação a retomada** do serviço pelo poder concedente **durante o prazo da concessão**, por motivo de **interesse público**, mediante **lei autorizativa específica** e após **prévio** pagamento da **indenização**, na forma do artigo anterior.

1. **Processo de Encampação (Resgate)**: Nessa modalidade de extinção de contrato de concessão, derivada do poder de império do poder concedente, não se identifica nenhuma inadimplência contratual ou irregularidade na prestação do serviço. Aqui, o fato motivador do ato é a vontade pública, qual seja, o **interesse público**. Identificado o interesse

público, a proposta de encampação deve ser levada ao legislativo específico da estrutura do poder concedente para que, mediante **lei específica**, seja autorizada a retomada do serviço. Essa autorização legislativa é essencial pois, por não haver irregularidade ou culpa da concessionária, o contrato se resolverá em **prévia indenização**, o que demanda controle dos gastos públicos pelo poder legislativo.

2. **Encampação e Reversão**: A previsão de indenização prévia como requisito da encampação não se direciona a indenizar os bens revertidos, mas sim indenizar pelo tempo restante do contrato extinto pelo poder concedente. Por tal motivo, fica claro que a indenização referente a reversão dos bens deverá ocorrer normalmente, caso necessária. São momentos distintos, logo indenizações distintas.

Aplicação em concurso:

- *IF-PA/Assistente em Administração/2019 – IF-PA*

  "A retomada do serviço pelo poder concedente durante o prazo da concessão, por motivo de interesse público, mediante lei autorizativa específica e após prévio pagamento de indenização conceitua-se:

  D) encampação."

  Gabarito: Alternativa correta. A única forma de extinção de contrato, de forma unilateral, que não se fundamenta em irregularidade da concessionária é a encampação, que exige para tal ato autorização legislativa e indenização prévia.

- *TCE-MG/Analista de Controle Externo – Direito/2018 – CESPE*

  "Durante a execução de um contrato de concessão de serviço público, a concessionária contratada descumpriu cláusulas contratuais concernentes à concessão. Houve a instauração de processo administrativo, tendo sido assegurado o direito à ampla defesa, e ficou comprovada a inadimplência da concessionária.

  Após os devidos trâmites legais, o poder público concedente poderá extinguir a concessão por

  E) encampação."

Gabarito: Alternativa incorreta. Como houve descumprimento de cláusulas contratuais pela concessionária, devemos utilizar como forma de extinção a caducidade, e não a encampação.

Art. 38. A **inexecução total ou parcial** do contrato acarretará, a critério do poder concedente, a declaração de **caducidade** da concessão ou a aplicação das sanções contratuais, respeitadas as disposições deste artigo, do art. 27, e as normas convencionadas entre as partes.

§ 1° A caducidade da concessão **poderá ser declarada pelo poder concedente quando**:

I – o serviço estiver sendo prestado de forma inadequada ou deficiente, **tendo por base as normas, critérios, indicadores e parâmetros** definidores da qualidade do serviço;

II – a concessionária **descumprir cláusulas contratuais ou disposições legais ou regulamentares** concernentes à concessão;

III – a concessionária **paralisar o serviço ou concorrer para tanto**, **ressalvadas** as hipóteses decorrentes de caso fortuito ou força maior;

IV – a concessionária **perder as condições** econômicas, técnicas ou operacionais para manter a adequada prestação do serviço concedido;

V – a concessionária **não cumprir as penalidades impostas** por infrações, nos devidos prazos;

VI – a concessionária **não atender a intimação** do poder concedente no sentido de regularizar a prestação do serviço; e

VII – a concessionária **não atender a intimação** do poder concedente para, **em 180 (cento e oitenta) dias**, apresentar a documentação relativa a regularidade fiscal, no curso da concessão, na forma do art. 29 da Lei nº 8.666, de 21 de junho de 1993. § 2° A declaração da caducidade da concessão deverá ser precedida da verificação da inadimplência da concessionária em processo administrativo, assegurado o direito de ampla defesa.

§ 3° Não será instaurado processo administrativo de inadimplência antes de comunicados à concessionária, detalhadamente, os descumprimentos contratuais referidos no § 1°

deste artigo, dando-lhe um prazo para corrigir as falhas e transgressões apontadas e para o enquadramento, nos termos contratuais.

§ 4° Instaurado o processo administrativo e comprovada a inadimplência, a caducidade será declarada por decreto do poder concedente, independentemente de indenização prévia, calculada no decurso do processo.

§ 5° A indenização de que trata o parágrafo anterior, será devida na forma do art. 36 desta Lei e do contrato, descontado o valor das multas contratuais e dos danos causados pela concessionária.

§ 6° Declarada a caducidade, não resultará para o poder concedente qualquer espécie de responsabilidade em relação aos encargos, ônus, obrigações ou compromissos com terceiros ou com empregados da concessionária.

1. Condições Legais da Caducidade:

1.1) Princípio da Proporcionalidade: A extinção do contrato de concessão por caducidade fundada na inexecução total ou parcial do contrato deverá ser visualizada sob o prisma da proporcionalidade. Apesar do art. 38 elencar em seu §1º as situações em que o poder concedente poderá adotar a caducidade como meio de resolução da lide, não significa que SEMPRE haverá a opção por essa ação. Deve-se observar se outras sanções possíveis de se aplicar e seus prováveis resultados. Se for possível manter-se a concessão aplicando sanções que não a caducidade, esta deverá ser solução adotada pelo poder concedente.

1.2) Rol Exemplificativo: O rol de condições que podem resultar na caducidade do contrato previsto na Lei 8.987/95 não é um rol exaustivo ou taxativo. Pode-se observar essa condição pelo fato da caducidade também poder resultar de condições previstas no próprio art. 27 da lei 8.987/95, além de outras situações que podem ser estabelecidas no contrato de concessão.

Aplicação em concurso:

- *AGERBA/Técnico em Regulação/2017 – IBFC*

  "Assinale a alternativa correta sobre o que a Lei federal nº 8.987, de 13/02/1995, considera, para efeitos de extinção da concessão, respectivamente, a retomada do serviço pelo poder concedente durante o prazo da concessão, por motivo de interesse público, mediante lei autorizativa específica e após prévio pagamento da indenização e um dos possíveis efeitos da inexecução total ou parcial do contrato.

  A) Encampação e Caducidade".

  Gabarito: Alternativa correta. Fica a dica: EncamPação = Enteresse Público (guardada devida licença poética no macete). CaduCidade = Culpa da Concessionária.

2. **Critérios Objetivos:** A condição de inadequação ou deficiência do serviço prestado deverá ser identificada através de critérios objetivos estipulados em norma ou contrato. A inadequação ou insuficiência deve ser reiterada ou grave para que se determine a imediata caducidade do contrato de concessão.

3. **Gravidade da Infração:** A caducidade poderá ser decretada também com base nas cláusulas ou disposições gerais que regem um contrato administrativo. Porém, faz-se necessário que tal infração seja de gravidade intensa, de modo a comprometer a prestação do serviço público.

4. **Perda das Condições Econômicas, Técnicas ou Operacionais:**

   4.1) Habilitação Licitatória: Os requisitos de condição técnica, econômica ou operacional aqui tratados são os mesmos que foram exigidos pelo poder concedente no procedimento licitatório prévio que resultou no contrato de concessão. Logo, não se poderá exigir no curso do contrato que se atendam outras exigências que não as que constavam no instrumento convocatório.

   4.2) Causa Excepcional: Observe que, diferente dos outros casos previstos na Lei 8.987/95, a condição aqui estabelecida não exige culpa ou falta por parte da concessionária. Aqui aplica-se a presunção absoluta de impacto direto aos serviços prestados por falta de manutenção de condições habilitatórias.

5. **Previsão Relativa de Prazo:** A condição legal estabelecida não visa a comprovação da situação fiscal, mas sim a sua regularidade. Ou seja, mesmo que a comprovação de situação fiscal regular ocorra após o prazo estabelecido pelo poder concedente, se afastará a possibilidade de decretação de caducidade com fundamento no inciso em estudo.

6. **Comunicação Prévia e Oportunização da Correção:** Para que se possa decretar a caducidade, é necessário que se instaure previamente um processo administrativo com garantia de contraditório e ampla defesa. Mas, antes mesmo da instauração do devido processo, o poder concedente deverá comunicar o concessionário dos descumprimentos contratuais que lhe são imputados, conferindo a ele prazo razoável para correção das falhas apontadas. Com o decurso do prazo assinalado sem nenhuma ação corretiva por parte do concessionário é que poderá ser instaurado o processo administrativo de apuração da inadimplência, preparatório da decretação da caducidade.

7. **Indenização por Extinção do Contrato:** Não há necessidade de indenizar o contrato extinto por caducidade. O que a legislação estabelece é a possibilidade de indenização dos bens reversíveis, na forma estudada anteriormente.

Aplicação em concurso:

- *CEMIG – MG/Advogado/2018 – FUMARC*

  "Na hipótese de extinção da concessão por caducidade, a pessoa jurídica concessionária não terá direito à indenização pela perda da propriedade dos bens reversíveis."

  Gabarito: Afirmativa errada. No caso de caducidade, poderá ocorrer indenização referente a reversão dos bens da concessionária. A concessionária apenas não terá direito à indenização relativa a outros danos e prejuízos, tais como lucros cessantes ou danos emergentes.

- *CELESC/Advogado/2018 – FEPESE*

  "A declaração da caducidade da concessão deverá ser precedida da verificação da inadimplência da concessionária em processo administrativo, dispensado o direito de ampla defesa."

  Gabarito: Afirmativa errada. Em todo procedimento preparatório para punição de agentes públicos (no caso, um agente delegado) deverá ser garantido o acesso aos direitos de contraditório e ampla defesa.

- *AGEPAR/Economista/2018 – FAUEL*

  "A transferência de concessão ou do controle societário da concessionária sem prévia anuência do poder concedente implicará a caducidade da concessão."

  Gabarito: Afirmativa correta. Além das causas previstas no rol do artigo 38 da Lei 8.987/95, temos como motivador da caducidade o disposto no artigo 27 da mesma Lei e outras causas estabelecidas no contrato entre as partes.

Art. 39. O contrato de concessão poderá ser rescindido por iniciativa da concessionária, no caso de descumprimento das normas contratuais pelo poder concedente, **mediante ação judicial especialmente intentada para esse fim.**

Parágrafo único. Na hipótese prevista no caput deste artigo, os serviços prestados pela concessionária não poderão ser interrompidos ou paralisados, **até a decisão judicial transitada em julgado.**

1. **Rescisão Judicial ou Amigável x Rescisão Unilateral**: Não se pode confundir em nosso estudo o instituto da rescisão como forma de extinção de contrato de concessão com a rescisão unilateral, prerrogativa da Administração Pública resultante das cláusulas exorbitantes dos contratos administrativos. A Rescisão se refere especificamente ao modo de extinção em que a concessionária exige o término do contrato por falta ou culpa do poder concedente. Rescisão unilateral se dá quando o poder concedente decide terminar o contrato por falta ou culpa do concessionário através do

ato de decretação da caducidade. Quando a extinção se dá por vontade do poder concedente deve-se chamar **caducidade** e não rescisão.

Aplicação em concurso:

- *SEAD-AP/Assistente Administrativo/2018 – FCC*

  "Em um contrato de concessão de serviços públicos, a Administração pública, que figura como poder concedente, está enfrentando problemas orçamentário-financeiros, o que vem ensejando atraso no pagamento da remuneração à concessionária. Essa descrição indica

  E) a possibilidade de rescisão unilateral por parte da concessionária se o atraso superar 90 dias."

  Gabarito: Alternativa incorreta. Somente o poder concedente poderá se valer da prerrogativa de rescisão unilateral do contrato, por ser uma garantia decorrente dos contratos administrativos.

- *TCE-MG/Analista de Controle Externo – Direito/2018 – CESPE*

  "Durante a execução de um contrato de concessão de serviço público, a concessionária contratada descumpriu cláusulas contratuais concernentes à concessão. Houve a instauração de processo administrativo, tendo sido assegurado o direito à ampla defesa, e ficou comprovada a inadimplência da concessionária.

  Após os devidos trâmites legais, o poder público concedente poderá extinguir a concessão por

  B) rescisão."

  Gabarito: Alternativa incorreta. Apesar de ser conhecida como garantia de rescisão unilateral, a caducidade é o ato utilizado pelo poder concedente para decretar a extinção de um contrato de concessão por inadimplência da concessionária.

Art. 40. A **permissão** de serviço público será formalizada mediante **contrato de adesão**, que observará os termos desta Lei, das demais normas pertinentes e do edital de licitação, inclusive quanto à **precariedade** e à **revogabilidade unilateral** do contrato pelo poder concedente.

Parágrafo único. Aplica-se às permissões o disposto nesta Lei.

1. **Contrato de Adesão**: O contrato de permissão de serviços públicos é considerado como um contrato de adesão, forma específica de um contrato administrativo. Apesar de a doutrina majoritária reconhecer a atecnia cometida pelo legislador ao utilizar-se dessa terminologia contratual, já que todo contrato de administrativo é necessariamente um contrato de adesão, deve-se levar para as provas de concurso o mesmo tratamento dado pelo legislador. Ou seja, CONCESSÃO = CONTRATO ADMINISTRATIVO/PERMISSÃO = CONTRATO DE ADESÃO.

Aplicação em concurso:

- *IF-PA/Assistente em Administração/2019 – IF-PA*

  "a permissão de serviço público é ato administrativo unilateral, discricionário e precário, dispensado de licitação."

  Gabarito: Afirmativa incorreta. A permissão de serviço público é um ***contrato de adesão*** *que exige a realização do procedimento licitatório. A afirmativa trata da modalidade de autorização, não objeto de regulamentação pela nossa lei em estudo.*

2. **Procedimento Licitatório Prévio**: Como determinado na própria Lei e na CF/88, todo contrato de concessão ou permissão de serviços deverá ser precedido de um procedimento licitatório. Diferente do que se vê nos contratos de adesão, aqui não há obrigatoriedade de realizar a licitação na modalidade concorrência. Deve-se utilizar a modalidade compatível com o valor do contrato a ser firmado, na forma da Lei 8.666/93.

3. **Precariedade da Permissão**: Em tese todo contrato administrativo deverá ter prazo determinado e só poderá ser extinto por condições previstas no próprio contrato ou em normas regentes. Em mais uma atecnia legislativa, restou consagrada a possibilidade de revogação do contrato de permissão a qualquer momento. Sendo um ato revogável, não há necessidade inclusive de motivação do ato para validade da ação do poder concedente. Apesar de na prática não ser mais assim que acontece, pois se garante a proteção ao

contrato firmado através da jurisprudência consolidada, na realização de uma prova é imprescindível destacar a figura da precariedade aplicável com contrato de permissão.

4. **Possibilidade de Indenização**: Apesar de seu caráter precário, deve-se levar em consideração o que determina o parágrafo único de nosso artigo. Já que se aplicam aos contratos de permissão todas as regras compatíveis aplicáveis ao contrato de concessão, uma eventual revogação do contrato gerará o direito de indenização pelo desfazimento antecipado do contrato e, inclusive, poderá ensejar indenização decorrente dos bens reversíveis, caso existam.

5. **Permissão de Serviço x Permissão de Uso**: Cuidado na hora de realizar sua prova de concurso. O que estudamos nesse livro é a chamada permissão de serviço. Quando no estudo dos bens públicos, você com certeza irá se deparar com a permissão de uso (ou permissão de uso de bem público). Apesar dos nomes iguais, são institutos MUITO diferentes. A exemplificar pela permissão de serviço ser um contrato administrativo e a permissão de uso ser um ato administrativo.

Concessão	**Permissão**
Contrato Administrativo	Contrato de Adesão
Prazo Determinado	Prazo Precário
Licitação na modalidade concorrência	Licitação em qualquer modalidade cabível
Bilateral	Unilateral
Oneroso	Gratuito ou Oneroso
Pessoa Jurídica ou Consórcio	Pessoa Física ou Pessoa Jurídica

Aplicação em concurso:

- *Câmara dos Deputados/Analista Legislativo/2014 – CESPE*

  "A concessão de serviço público, assim como a permissão, pode ser feita a pessoa física, jurídica, ou consórcio de empresas."

  Gabarito: Afirmativa incorreta. Concessão de serviço público só poderá ser firmada com Pessoa Jurídica ou Consórcio de Empresas. Já a permissão, somente poderá ser firmada com Pessoa Física ou Pessoa Jurídica.

Art. 41. O disposto nesta Lei **não se aplica à concessão, permissão e autorização** para o serviço de **radiodifusão** sonora e de sons e imagens.

1. **Legislação Específica**: Observe que nem todos os serviços prestados pela Administração Pública serão delegados através dos instrumentos previstos na Lei 8.987/95. No caso de serviços de radiodifusão sonora (rádio) e de sons e imagens (televisão), se utilizará a lei Geral de Telecomunicações.

Aplicação em concurso:

- *PGFN/Procurador da Fazenda Nacional/2007 – ESAF*

  "A permissão de serviço público será formalizada mediante contrato de adesão, observando o disposto na Lei n. 8.987/95, aplicando-se também ao serviço de radiodifusão sonora;"

  Gabarito: Afirmativa incorreta. No caso de serviço de radiodifusão sonora a Lei 8.987/95 não terá aplicação, sendo-se utilizada a Lei Geral de Telecomunicações como norma regente.

▶ **Importante**: Os artigos a seguir foram editados para definir regras de transição dos contratos de serviços públicos prévios ao momento de edição da Lei 8.987/95. Portanto, possuem uma previsão temporal, não sendo mais dispositivo de interesse de estudo para provas de concursos públicos. O candidato não deve se preocupar em estudar esses artigos, pois perderam sua eficácia pelo decurso do tempo.

Art. 42. As concessões de serviço público outorgadas anteriormente à entrada em vigor desta Lei consideram-se válidas pelo prazo fixado no contrato ou no ato de outorga, observado o disposto no art. 43 desta Lei.

§ 1° Vencido o prazo mencionado no contrato ou ato de outorga, o serviço poderá ser prestado por órgão ou entidade do poder concedente, ou delegado a terceiros, mediante novo contrato.

§ 2° As concessões em caráter precário, as que estiverem com prazo vencido e as que estiverem em vigor por prazo indeterminado, inclusive por força de legislação anterior, permanecerão válidas pelo prazo necessário à realização dos levantamentos e avaliações indispensáveis à organização das licitações que precederão a outorga das concessões que as substituirão, prazo esse que não será inferior a 24 (vinte e quatro) meses.

§ 3º As concessões a que se refere o § 2° deste artigo, inclusive as que não possuam instrumento que as formalize ou que possuam cláusula que preveja prorrogação, terão validade máxima até o dia 31 de dezembro de 2010, desde que, até o dia 30 de junho de 2009, tenham sido cumpridas, cumulativamente, as seguintes condições:

I - levantamento mais amplo e retroativo possível dos elementos físicos constituintes da infra-estrutura de bens reversíveis e dos dados financeiros, contábeis e comerciais relativos à prestação dos serviços, em dimensão necessária e suficiente para a realização do cálculo de eventual indenização relativa aos investimentos ainda não amortizados pelas receitas emergentes da concessão, observadas as disposições legais e contratuais que regulavam a prestação do serviço ou a ela aplicáveis nos 20 (vinte) anos anteriores ao da publicação desta Lei;

II - celebração de acordo entre o poder concedente e o concessionário sobre os critérios e a forma de indenização de eventuais créditos remanescentes de investimentos ainda não amortizados ou depreciados, apurados a partir dos levantamentos referidos no inciso I deste parágrafo e auditados por instituição especializada escolhida de comum acordo pelas partes; e

III - publicação na imprensa oficial de ato formal de autoridade do poder concedente, autorizando a prestação precária dos serviços por prazo de até 6 (seis) meses, renovável até 31 de dezembro de 2008, mediante comprovação do cumprimento do disposto nos incisos I e II deste parágrafo.

§ 4° Não ocorrendo o acordo previsto no inciso II do § 3° deste artigo, o cálculo da indenização de investimentos será feito com base nos critérios previstos no instrumento de concessão antes celebrado ou, na omissão deste, por avaliação de seu valor econômico ou reavaliação patrimonial, depreciação e amortização de ativos imobilizados definidos pelas legislações fiscal e das sociedades por ações, efetuada por empresa de auditoria independente escolhida de comum acordo pelas partes.

§ 5° No caso do § 4° deste artigo, o pagamento de eventual indenização será realizado, mediante garantia real, por meio de 4 (quatro) parcelas anuais, iguais e sucessivas, da parte ainda não amortizada de investimentos e de outras indenizações relacionadas à prestação dos serviços, realizados com capital próprio do concessionário ou de seu controlador, ou originários de operações de financiamento, ou obtidos mediante emissão de ações, debêntures e outros títulos mobiliários, com a primeira parcela paga até o último dia útil do exercício financeiro em que ocorrer a reversão.

§ 6° Ocorrendo acordo, poderá a indenização de que trata o § 5° deste artigo ser paga mediante receitas de novo contrato que venha a disciplinar a prestação do serviço. (Incluído pela Lei nº 11.445, de 2007).

Art. 43. Ficam extintas todas as concessões de serviços públicos outorgadas sem licitação na vigência da Constituição de 1988.

Parágrafo único. Ficam também extintas todas as concessões outorgadas sem licitação anteriormente à Constituição de 1988, cujas obras ou serviços não tenham sido iniciados ou que se encontrem paralisados quando da entrada em vigor desta Lei.

Art. 44. As concessionárias que tiverem obras que se encontrem atrasadas, na data da publicação desta Lei, apresentarão ao poder concedente, dentro de cento e oitenta dias, plano efetivo de conclusão das obras.

Parágrafo único. Caso a concessionária não apresente o plano a que se refere este artigo ou se este plano não oferecer condições efetivas para o término da obra, o poder concedente poderá declarar extinta a concessão, relativa a essa obra.

Art. 45. Nas hipóteses de que tratam os arts. 43 e 44 desta Lei, o poder concedente indenizará as obras e serviços realizados somente no caso e com os recursos da nova licitação.

Parágrafo único. A licitação de que trata o caput deste artigo deverá, obrigatóriamente, levar em conta, para fins de avaliação, o estágio das obras paralisadas ou atrasadas, de modo a permitir a utilização do critério de julgamento estabelecido no inciso III do art. 15 desta Lei.

Art. 46. Esta Lei entra em vigor na data de sua publicação.

Art. 47. Revogam-se as disposições em contrário.